이 책을 함께 만든 독자에디터들의 후기

독자에디터는 책의 초고를 검토하고, 편집 아이디어를 제공하며, 오류를 확인하는 등 대중에게 더욱 잘 읽히는 책을 만들도록 도와주시는 잇콘의 소중한 자산입니다. 바쁜 시간 쪼개어 참여해주신 독자에디터 여러분에게 감사드립니다.

정부와 한국 주식과의 관계를 이렇게 풀어낸다는 게 소름 돋도록 참신했다.
한국 주식에 투자했거나, 하고 있거나, 할 사람들이라면 꼭 읽어봐야 할 필독서다.
- 작은물방울 님 -

한국 주식이 정치와 이렇게까지 밀접한 관련이 있을 거라고는 미처 생각하지 못했습니다.
제 머릿속 작은 세계를 열 배는 확장시켜 주네요. 특히 이 책의 마지막 챕터인
'10대 공약'을 계속 곱씹어 보려고 합니다. 곧 다가올 5차 파동에 저도 함께 하고 싶거든요.
- 함다 님 -

평소 효라클 작가님의 책을 꾸준히 챙겨보는데, 이번 책은 집권별 주가 흐름을 파동 이론으로
풀어내서 신선했습니다. "한국 증시는 반복된다"는 것을 다양한 사례로 보여주어, 요즘처럼
변동성이 큰 시장에서 방향을 잡는 데 큰 도움이 되었습니다.
- 맘스서재 님 -

정치적 사건과 주식 시장의 파동이 어떻게 맞물려 움직이는지를 흥미롭게 풀어낸 책입니다.
단순한 주가 분석이 아니라, 시대 흐름과 정치 변화를 함께 짚으며 한국 증시의 방향성을
입체적으로 보여줍니다. 주식이 단지 숫자의 게임이 아님을 느낄 수 있었습니다.
다음 파동은 또 어떻게 진행될지 궁금해집니다.
- 리딩집사 님 -

지금까지 이런 주식 책은 없었다! 한국 주식 시장은 펀더멘털보다 정치와 정책에 더 많은 영향을
받는다는 것을 과거의 역사적 사실들을 통해 알려주고, 앞으로의 투자 방향을 알려주는 책입니다.
기업 분석보다 중요한 것은 시장의 큰 흐름을 알고 파도를 타는 것이라는 깨달음을 주네요.
- 욕망도서관장 님 -

한국 주식은 정치에 좌우된다는 저자의 말처럼 각 정권별 정책으로 인해 주식 시장이 어떻게
흘러가고 파동이 왔는지 그리고 앞으로 어떻게 될 것인지 쉽고 재밌게 배울 수 있었다.
- 희망 님 -

효자클님의 전작이 트렌드에 따라 주식 시장의 흐름을 읽어내는 것이었다면,
이번 책은 역대 정부 정책에 따른 흐름 분석이다. 그의 이런 접근 방식은 새로울 뿐 아니라
명쾌하게 설득적이다. 다른 주식 책과의 비교를 거부하며 당신의 뇌를 사로잡고 매료시킬 것이다.
- 터틀코은 님 -

한 번 펼치면 순식간에 빠져드는 책. 한국 주식에 관심이 있다면 우선
이 책으로 흐름을 꿰뚫어 보시기를 강력히 추천한다.
- 땅꼬 님 -

저자의 전작을 읽고 몇 종목 따라 사본 적이 있습니다. 얼마 후 정말 주가가 움직이는 것을 보고
고수의 투자는 이런 것인가 싶어 재미가 있었던 터라 얼른 읽어 보았습니다. 이 책에 나오는
주식들도 그런 움직임을 보여줄지 따라가 보는 재미가 있을 것 같습니다.
이런 경험이 쌓여 저도 저자와 같은 실력이 만들어지면 좋겠네요.
- 칼과나 님 -

한국주식
5차 파동

잇콘

한국 주식 5차 파동

초 판 1 쇄	발행 2025년 6월 25일
지 은 이	효라클 (김성효)
발 행 처	잇 콘
발 행 인	신동익
편 집	임효진
마 케 팅	호예든
경영지원	유정은
출판등록	2019년 2월 7일 제25100-2019-000022호
주 소	경기도 용인시 기흥구 동백중앙로 191
전 화	070-8623-9971
팩 스	02-6919-1886
이 메 일	books@itconbooks.co.kr
홈페이지	www.itconbooks.co.kr
I S B N	979-11-90877-98-5 03320

- 책값은 뒤표지에 있습니다.
- 이 책은 저작권법으로 보호받는 저작물로 무단전재 및 무단복제를 금합니다.
- 이 책의 전부 혹은 일부를 인용하려면 저작권자와 출판사의 동의를 받아야 합니다.
- 잘못된 책은 구입처에서 바꿔드립니다.
- 문의는 카카오채널 '잇콘'으로 부탁드립니다. (카카오톡에서 '잇콘' 검색 / 평일 오전 10시 ~ 오후 5시)

◁ 독자설문
더 나은 책을 만들기 위한 독자설문에 참여하시면 추첨을 통해 선물을 드립니다.
(당첨자 발표는 매월 말 개별연락)

◁ 커뮤니티
네이버카페에 방문하시면 출간 정보, 이벤트, 원고투고, 소모임 활동, 전문가 칼럼 등 다양한 체험이 가능합니다.

김대중, 노무현, 이명박, 문재인, 그리고 이재명까지

투자자가 기억해야 할 한국 증시의 반복된 역사들

한국주식 5차 파동

효라클(김성효) 지음

잇콘

머리말

누구나 일생에 한 번은
큰 흐름을 만난다

허탈하다. 나는 죽어라 일하는데, 빚만 쌓여간다. 마트에 가서 장을 보면 살 수 있는 게 계속 줄어든다. 열심히 일하는 사람은 점점 가난해지는데, 유튜브에는 어디 투자해서 부자가 됐다는 사람들만 나온다. 분명히 그 사람들이 주식은 장기 투자하는 거라고 해서 묵혀놨는데, 어찌 된 일인지 계좌는 늘 마이너스다.

어디 다르게 돈 벌 방법이 없나 하고 여기저기 기웃거려 보지만 세상은 나에게 차갑기만 하다. 미국 주식? 코인? 진작에 들어갔던 사람들은 떼돈을 벌었다지만, 막막하기도 하고 이제 와서 들어가는 게 맞는지도 잘 모르겠다. 그런 당신에게 묻고 싶다. 당신은 한국 주식의 특성을 얼마나 잘 알고 있는가?

한국은 전 세계에서 손꼽힐 정도로 지역색이 매우 강한 나라다. 한글만 봐도 그렇다. 언어를 표기할 문자가 없으면 아예 글자를 새로 만들어버린다. 영국, 프랑스, 독일, 이탈리아, 스페인 등 유럽의 여러 나라는 과거에 자기들 문화에 깊은 영향을 준 라틴어에서 유래된 알파벳을 쓴다. 한국은 아니다. 그렇게 오랫동안 중국의 영향권 아래 있었는데도 불구하고 한자와 전혀 다른 문자를 만들어서 쓴다. 식민 지배를 받았던 남아메리카나 아프리카의 여러 나라들은 원래의 언어를 버리고 유럽 언어를 받아들였다. 하지만 한국은 아니다. 일본의 식민 지배에도 흔들림이 없었다.

그런 강한 지역색이 오늘날까지 이어져 K팝, K푸드, K콘텐츠 등 특색있는 문화가 만들어졌다. 그렇다면 당연히 한국 주식 시장도 다른 나라와 전혀 다른 양상을 보일 것이라고 생각하는 게 이치에 맞다.

한국 증시는 결국 정치가 좌우한다

실제로 한국 증시는 다른 나라와 다른 매우 독특한 특징을 가지고 있다. 바로 누가 정권을 잡았느냐에 따라서 흐름이 완전히 달라진다는 것이다. 물론 모든 나라의 증시는 정치 지도자의 영향을 받는다. 하지만 한국은 그 정도가 가장 심한 편에 속한다. 박정희 정권 이래로 한국은 완전히 정부주도형 경제 성장을 이룩했고, 그 특성이 오늘날 증시에도 그대로 녹아 있다.

또한 한국은 지정학적 요소가 증시에 큰 영향을 미친다. 중국, 러시아, 일본, 그리고 바다 건너 미국까지 강대국들 사이에 참 절묘하게도 끼어 있다. 게다가 지구상 유일한 분단국가다. 지정학적 위치가 워낙 민감하다 보니 한국 정치 지도자의 판단에 따라 주변 강대국들의 반응이 크게 달라진다.

상황이 이런데도 아직 주식 시장에 대한 한국인들의 이해는 기업만을 향해있다. 개별 기업이 어닝 서프라이즈(Earnings Surprise, 예상 밖의 좋은 실적)를 만들었는지, PBR(주가순자산비율)과 PER(주가수익비율)이 얼마인지, CEO의 성향이 어떠한지 등을 너무 많이 따진다. 물론 이런 것들은 주식 투자의 기본이고, 한국이 아닌 다른 시장에서는 매우 중요하게 살펴야 할 요소들이다.

그러나 한국은 다르다. 개별 기업의 역량보다는 정부의 의지가 훨씬 더 중요한 시장이다. 정부가 중요한 정책을 발표하면 그 흐름을 타고 관련 종목이 한꺼번에 오르거나 떨어진다. 조금 과장하면 한국은 굳이 개별 기업을 분석하지 않아도 충분히 돈을 벌 수 있을 만큼 정부의 의중이 중요한 나라다. 이러한 특성은 무시한 채 기업 분석에만 너무 치중해 있는 것이 작금의 현실이다.

그런데 이를 반대로 말하면, 개별 기업에 대한 분석이 다소 부족해도 정부의 의지만 제대로 파악하면 대세의 흐름을 잡아서 충분한 성과를 낼 수 있다는 뜻이기도 하다. 전작 『부트 2025 : 부자 되는 트렌드』에서 언급한 바와 같이, 주식 투자는 올림픽과 같다. 매번 잘하지 못해도 4년에 한 번만 잘하면 금메달을 딸 수 있다. 날마다 수익을 낼 필요 없이 제대로 된 흐름을 한 번만 타면 일생일대의 성과를 내는 게 주식 투자다.

한국은 10년도 안 되는 짧은 기간 동안 대통령을 두 명이나 탄핵시킨 매우 역동적인 나라다. 한국 증시도 그런 맥락에서 이해해야만 한다. 특히 그 두 번째 탄핵의 결과로 만들어진 새 정부가 이제 막 출범했다. 기존의 흐름을 완전히 뒤바꿀 새로운 파동이 일어나는 중이다.

4번의 파동, 그리고 이어질 제5차 파동

새 정부가 만들어낼 새로운 흐름을 제대로 이해하려면 과거의 정권별 특성이 증시에 어떤 영향을 미쳤는지를 알아야 한다. 이 책은 정권별로 생겨난 큰 흐름을 증시의 '파동'이라 칭했다. '대세상승'이라 이해해도 좋고 '변곡점'이라 이해해도 좋다. 어쨌든 한국 증시가 정권의 특성에 따라 정확히 오르락내리락을 반복했다는 것과 이제 막 새로운 국면에 접어들었다는 것만 알면 된다.

한국의 유가증권시장(코스피, KOSPI)은 1980년 문을 열었지만, 이 책은 그렇게 오래된 과거까지 거슬러 올라가지는 않는다. 이 책이 다루는 것은 IMF 사태 이후 1998년 출범한 김대중 정부부터다. 이후 노무현, 이명박, 박근혜, 문재인, 윤석열 정부의 특성이 한국 증시에 어떤 영향을 미쳤는지를 면밀히 분석했다.

그 이유는 1997년 IMF 사태 이전과 이후의 한국 증시가 완전히 다르기 때문이다. IMF 사태 이전의 증권시장이 딱히 분석할 것도 없이 동네 놀이터에서 노는 수준이었다면, IMF 사태 이후에는 국제규범에 따라 기업의 경영 방식을 뜯어고쳤고 외국인 투자자들이 대거 유입되면서 완전히 다른 나라의 증시로 바뀌었다. 게다가 수많은 기업이 부도를 맞으며 엄청난 물갈이가 이뤄지는 바람에 산업구조와 구성 종목도 전혀 달라졌다. 한국 증시가 증시다운 모습을 제대로 갖춘 것도 IMF 사태 이후이고 그것이 현재까지 이어졌기 때문에 그 이전을 분석하는 것은 의미가 없다.

그렇게 이 책을 통해 도출해낸 파동은 총 네 차례이고, 막 출범한 이재명 정부에서는 제5차 파동이 올 수밖에 없다는 결론을 내렸다. 왜 그러한지는 차차 서술하겠다.

또 한 번 이어질 파동을 즐기자

주식 시장이 매력적인 이유는 한 방향으로만 움직이지 않기 때문이다. 올라가면 내려가고, 내려가면 다시 올라가며 파동을 형성하기 때문에 그 흐름을 잘 타면 충분히 큰돈을 벌 수 있다. 당연히, 반대 방향으로 타면 큰 손해를 보게 된다.

세상에 주식을 분석하는 틀은 여러 가지가 있지만, 한국 증시에 딱 맞는 틀은 역시 정권의 특성을 파악하는 것이다. 한국 증시만큼 정권에 따라 명확하게 파동이 만들어지는 시장은 드물다. 이는 파동을 예측하고 올라타기도 매우 쉽다는 뜻이다. 그동안 한국 주식에 투자하는 것이 어려웠던 이유는 혹시 주가의 흐름을 기업 내부에서만 찾으려고 했기 때문은 아닐까. 시선을 조금만 멀리 두고 정치권의 방향을 주시한다면, 어렵기만 했던 한국 증시의 흐름이 단번에 이해될 것이다.

지금까지 방향을 잃고 헤매던 분들에게 이 책은 아주 명쾌한 통찰력을 제공할 것이다. 곧 다가올 5차 파동에서 부디 많은 이들이 흐름을 즐겼으면 한다.

2025년 봄, 새로운 파동을 기다리며

효라클 김성효 드림

▶ 일러두기
- 이 책의 의도는 한국 증시의 역사와 특징을 설명하는 것일 뿐 특정한 투자 대상을 추천하지 않습니다. 이 책의 내용을 투자에 참고했더라도 결과에 대한 책임은 저자 및 출판사와 무관함을 미리 밝힙니다.
- 이 책에 수록된 주가 및 지수 차트는 별도의 표시가 없는 한 네이버페이증권의 자료를 활용하여 재구성한 것입니다.
- 전·현직 대통령을 비롯하여 특정 인물에 대한 존칭은 생략하였습니다.

목차

머리말 누구나 일생에 한 번은 큰 흐름을 만난다 ··· 4

서론 한국 증시의 파동은 어디서 오는가
파동의 징조와 한국 주식 시장의 특수성

시장은 말이 없지만 언제나 무언가를 말한다	··· 17
뗄 수 없는 두 물결 '정치와 주식'	··· 20
큰 파동은 언제나 구조적 변화를 동반한다	··· 26
묻는다, 당신은 어느 파동에 서 있는가	··· 30

1차 파동

바닥에서 시작된 '닷컴'의 불꽃
김대중 정부, 시장구조를 전면 개혁하다

모든 것은 IMF 사태로부터 시작되었다	… *35*
뜬금없는 '정보화 시대' 선언	… *39*
열기와 탐욕의 코스닥, 그리고 닷컴버블의 시작	… *43*
경제 체질이 바뀌자 코스피가 살아났다	… *47*
광기 속에서 조용히 빠져나가는 선수들	… *50*
:: 1차 파동을 돌아보며	… *57*

2차 파동

신뢰가 만든 코스피 2,000의 시대
노무현 정부, 사실은 가장 시장친화적이었던

반시장의 아이콘, 가장 친시장적 행보를 보이다	… *61*
심리적 장벽 '코스피 2,000'을 넘다	… *65*
삼성전자와 현대차의 시대	… *69*
건설·철강·금융으로의 순환매	… *73*
한국 증시가 얻은 '신뢰 프리미엄'	… *77*
세계 증시가 멈추자 2차 파동도 끝났다	… *79*
:: 2차 파동을 돌아보며	… *83*

3차 파동

리먼브라더스와 V자 반등의 전설
이명박 정부, 정책과 증권사가 시장을 주도하다

공포 속에서도 누군가는 사기 시작했다	⋯ 87
900에서 2,000으로, 전설적 반등의 시작	⋯ 91
증권사가 만든 주도주 "차화정이에요"	⋯ 97
국내에선 '한국형 뉴딜', 해외에선 '수출 드라이브'	⋯ 101
정통 보수의 귀환, 그러나 리더십은 사라졌다	⋯ 105
방향성 없는 시장에는 테마가 판 치고	⋯ 109
:: 3차 파동을 돌아보며	⋯ 116

4차 파동

팬데믹과 코스피 3,000의 시대
문재인 정부, 유동성 쓰나미가 가져온 시장의 변화

박근혜 탄핵은 계기가 아니라 결과였다	⋯ 121
세계가 멈춰버린 전대미문의 팬데믹	⋯ 125
돈이 싸다! 유동성 대폭발의 시대	⋯ 130
개인투자자의 역사적 등장 '동학개미운동'	⋯ 134
모두가 실시간으로 '코스피 3,000'을 지켜봤다	⋯ 138
4차 파동을 주도한 3가지 분야	⋯ 141
삼전에서 미래주로, MZ가 다시 쓴 종목 위계	⋯ 146
:: 4차 파동을 돌아보며	⋯ 149

5차파동

또 한 번의 기회, 이번에도 놓칠 것인가
이재명 정부에서 예상되는 한국 주식의 방향성

윤석열 정권 말기, 시장은 정부를 포기했다	⋯ 153
정치가 리스크에서 프리미엄으로 바뀐다면	⋯ 157
이재명 정부의 핵심 정책 '지역화폐'	⋯ 161
'10대 공약'에 주목해야 하는 이유	⋯ 165
제1공약 : 모든 공약을 아우르는 핵심 '경제 구조'	⋯ 168
제2공약 : 중장기 성과를 좌우할 프리미엄 '정치 안정화'	⋯ 174
제3공약 : 자본시장의 바닥을 바꿀 '가계·소상공인 지원'	⋯ 179
제4공약 : 느리지만 가장 멀리 가는 파동 '외교·안보'	⋯ 184
제5공약 : 보이지 않는 시장의 기초체력 '국민안전'	⋯ 189
제6공약 : 파동의 새로운 진원지 '세종 행정수도'	⋯ 194
제7공약 : 주4.5일제가 가져올 변화 '노동 존중'	⋯ 201
제8공약 : 시장 전체의 소비력을 높이는 '생활 안정'	⋯ 206
제9공약 : 돌봄을 산업으로 전환하는 '저출생·고령화'	⋯ 211
제10공약 : 어쨌든 해야만 하는 분야 '기후위기 대응'	⋯ 215
또 한 번의 파동이 기대되는 4가지 이유	⋯ 220
:: 5차 파동을 준비하며	⋯ 223

맺음말   진보냐 보수냐가 아니라 정책과 리더십을 보라   ⋯ 224

THE FIFTH WAVE OF

서론

한국 증시의 파동은
어디서 오는가

T H E S T O C K M A R K E T

파동의 징조와
한국 주식 시장의 특수성

시장과 정치를 따로 놓고 보려는 시도가 있다. 정치는 뉴스의 영역이고, 시장은 숫자와 차트의 영역이라고 여기는 이들이다. 그러나 시장에 오래 머문 사람은 안다. 정치는 언제나 바람이었고, 시장은 그 바람에 흔들리는 갈대였다.

시장은 말이 없지만
언제나 무언가를 말한다

시장(市場)은 아무 말도 하지 않는다. 말을 건네는 듯하지만, 사실 아무것도 설명하지 않는다. 뉴스는 떠들고, 유튜브는 예언하고, SNS는 확신에 차 있다. 그러나 시장은 늘 무심하다. 그저 조용히 자신만의 속도로 흘러간다.

시장은 강물 같다. 겉으로는 잔잔해 보이지만 그 속엔 언제나 일정한 방향으로 흐르는 힘이 있다. 바람이 불면 표면은 흔들리고, 비가 내리면 수위는 출렁인다. 그러나 그 깊은 곳에서 시장이라는 강은 언제나 자신만의 물줄기를 따라 흐르고 있다. 주가는 하루에도 수십 번 출렁인다. 그러나 시장이라는 강은 그렇게 쉽게 방향을 틀지 않는다.

초보 투자자일수록 수면 위의 파동에 크게 반응한다. 분봉차트를 열어놓고 호가창을 응시하며 물 한 모금 마실 새도 없이 매수 버튼에 손을 얹는다. 시시각각 다르게 움직이는 숫자에 가슴을 졸이고, 다음 날 아침이면 다른 이유로 또 불안해진다.

하지만 진짜 고수는 강을 본다. 그 강이 지금 어디로 흘러가고 있는지, 그 물길이 깊어지고 있는지 아니면 얕아지고 있는지를 본다. 물결이 아닌 물줄기를 보는 사람, 그가 흐름을 타는 사람이다. 시장은 늘 신호를 보낸다. 다만 대부분은 소음 속에서 그 신호를 듣지 못할 뿐이다.

2003년을 떠올려보자. 노무현 정부가 들어선 직후였다. 부동산 정책은 거칠었고, 반(反)기업 정서도 강했다. 언론은 노무현 대통령이 반미주의자라고 떠들어댔다. 시장엔 불안감이 떠돌았고, 코스피는 500과 600 사이를 헤맸다. 그런데 그 와중에 삼성전자와 현대차는 조용히 올라가기 시작했다. 아무도 확신하지 못했던 때, 시장 내부는 이미 방향을 정하고 있었다.

2008년 리먼브라더스 사태 이후도 마찬가지였다. 모두가 주식을 팔아치우던 그 겨울에 건설주와 철강주는 무너졌지만, 포스코는 2009년 초부터 미세하게 반등을 시작했다. 시장은 아무 말도 하지 않았다. 다만 그 조용한 상승이 다음 파동의 서곡이었다.

차트도, 뉴스도 아닌 '구조'를 보라

시장은 말이 없기 때문에, 시장의 신호를 듣는다는 것은 데이터를 분석하거나 차트를 해석하는 것이 아니다. 느끼고 감지하는 것이다.

자연의 바람이 어디서부터 불기 시작했는지, 나뭇잎이 흔들리는 방향을 보고서 곧 물살이 어떻게 바뀔지를 아는 사람만이 파동에 먼저 올라탈 수 있다. 투자자들은 늘 이렇게 묻는다.

"언제 들어가야 하나요?"

"지금 사도 되나요?"

시장은 그 질문에 늘 답이 없지만, 어느새 이미 한쪽으로 흘러가기 시작하고 있다. 그 흐름을 보는 눈은 어지러운 차트 속에 있지도 않고, 뉴스 속 호들갑에 있지도 않다. 물 흐르듯 일정한 힘, 방향, 구조를 보는 눈이다. 그런 눈을 가진 사람만이 강이 꺾일 때 미리 빠지고, 강이 출렁이기 시작할 때 조용히 올라탄다.

뗄 수 없는 두 물결
'정치와 주식'

시장과 정치를 따로 놓고 보려는 시도가 있다. 정치는 뉴스의 영역이고, 시장은 숫자와 차트의 영역이라고 여기는 이들이다. 그러나 시장에 오래 머문 사람은 안다. 정치는 언제나 바람이었고, 시장은 그 바람에 흔들리는 갈대였다.

한국은 그 바람이 더욱 강한 나라다. 한국의 산업구조는 원래부터 국가중심형으로 짜여 있기 때문이다. 정부가 방향을 정하면 그 방향대로 기업들이 움직이고, 그 움직임에 투자금이 쏠린다. 그 모습은 마치 정부가 체스판을 놓으면 대기업들이 그 위에서 말이 되어 움직이는 것과 같다.

2023년 12월, 윤석열 대통령이 기업 총수들을 이끌고 떡볶이를 먹으러 부산의 전통시장에 갔다. 보기엔 다소 가벼운 장면이었다. 그러나 그 자리에 나온 인물들은 가볍지 않았다. 삼성, SK, LG, 한화…. 한국 경제를 대표하는 재벌그룹 총수들이 한자리에 모였다. 특히 삼성그룹 이재용 회장의 '쉿' 하는 제스처가 밈이 되어 인기를 끌었다.

그날의 정치적 메시지는 분명했다. 이제 중소상공인과 함께 하는 대기업의 모습을 보여달라는 신호. 한편으로는 부산 엑스포 유치 경쟁의 처참한 실패를 뒤로하고, 재벌들을 동원해서 부산 민심을 달래겠다는 신호. 비록 그 신호가 시장에 성공적으로 전달되었느냐와는 별개로 말이다.

정치가 가리키면, 돈은 움직인다

이런 풍경은 한국 시장에서는 낯설지 않다. 정부가 탄소중립을 외치면 기업들은 곧장 ESG위원회를 만든다. 정부가 2차전지를 지원하겠다고 하면 제조사뿐만 아니라 부품사부터 광물회사까지 관련 업계 주가가 요동친다. 대통령실을 세종시로 옮기겠다고 하면 세종시에 땅을 가진 회사의 주가가 들썩인다. 이것은 경제계가 자율적으로 움직이는 게 아니라 정치가 만든 흐름에 시장이 반응하는 구조 때문이다. 바람이 나뭇잎을 흔들듯, 정부는 시장을 흔든다.

2003년, 노무현 정부는 대규모 부동산 규제 카드를 꺼냈다. 그러자 건설주는 주춤했고, 대신 정책 수혜가 예상되는 금융·IT 업종이 조용히 상승하기 시작했다. 그해 연말 코스피는 800을 넘어섰다. 외국인은 한국 시장의 '정치 리스크'보다 '정치 개혁의 구조'에 주목하기 시작했다.

2008년, 이명박 정부는 리먼브라더스 사태에 대응해 대규모 토목사업과 수출 드라이브를 내세웠다. 그러자 철강, 조선, 자동차, 건설이 다시 시장의 중심으로 올라왔다. 정부는 돈을 뿌리지 않았지만 방향을 제시했고, 시장은 그 방향으로 몰렸다.

시장은 정치를 판단하지 않는다. 다만 정치가 가리키는 방향으로 돈이 먼저 흐른다. 시장은 이념보다 의도를 본다. 누가 대통령이냐, 어떤 당 소속이냐보다 그가 앞으로 어떤 산업을 띄울 것이냐가 더 중요하다.

▼ 코스피지수 전체 흐름

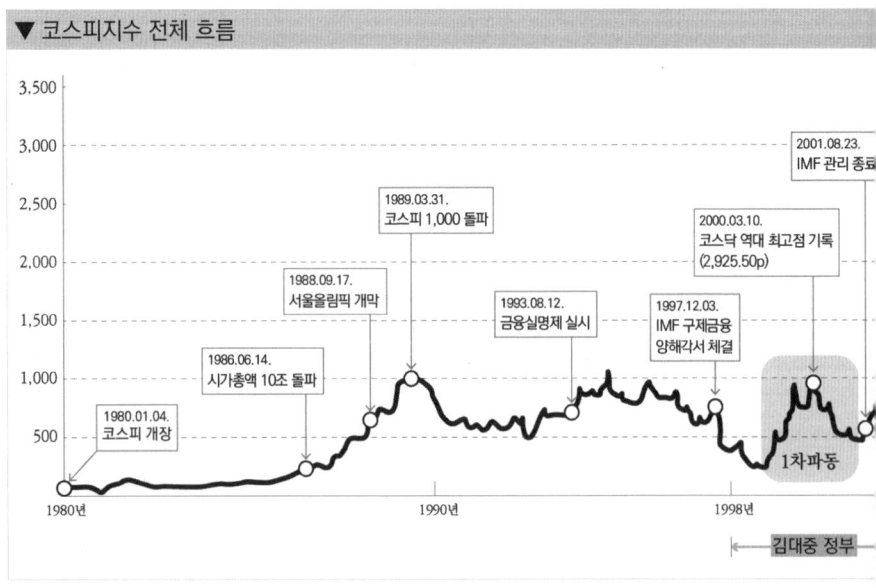

그러므로 시장 입장에서 정치란 바람의 방향을 알려주는 풍향계다. 정치는 물결을 일으키고, 시장은 그 물결 위에서 방향을 정한다. 그 흐름은 곧 다음 파동의 씨앗이 된다.

정치가 만들어낸 4번의 큰 파동

한국에 유가증권시장(코스피)이 만들어진 1980년 1월 4일 이래로 코스피지수(종합주가지수)는 장기적으로 우상향해왔다. 그러나 그 사이

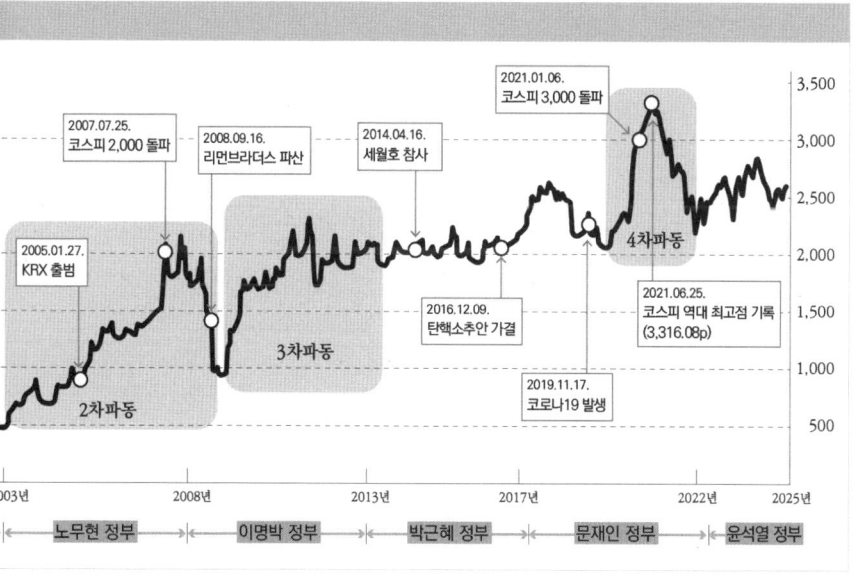

(출처 : 한국거래소 자료에서 가공)

서론 _ 한국 증시의 파동은 어디서 오는가 *23*

에 여러 차례의 부침이 있었다. 그 부침에 따라 웃음소리가 나기도, 곡소리가 나기도 했다.

그중에서 '파동'이라 부를 만한 큰 출렁임은 크게 네 번이다. 이때의 파동은 코스피지수가 저점 대비 두 배 이상 상승한 것을 기준으로 삼았다. 그리고 재미있게도 그것은 모두 당시 정권의 정책과 밀접한 연관이 있다.

첫 번째 파동은 IMF 사태 이후 집권한 김대중 정부(1998~2002)에서 일어났다. IMF 사태 직후 기업들의 연쇄 부도로 인해 1998년 6월 270선까지 추락했던 코스피는 1년 만인 1999년 7월에 1,000포인트를 넘게 된다. 코스닥(기술주 중심의 유가증권시장)은 '닷컴버블'로 인해 훨씬 더 강력한 상승을 보였다.

두 번째 파동은 노무현 정부(2003~2007)에서 일어났다. 집권 직전인 2002년에는 '신용카드 대란'의 여파로 인해 신용불량자가 속출하던 상황이었다. 소비심리가 급격히 위축되면서 2003년 3월 코스피지수는 500포인트를 위협받고 있었다. 그렇지만 이후 꾸준한 상승을 보여주다가 4년이 지난 2007년 7월, 코스피지수는 드디어 역사적 숫자인 2,000포인트를 돌파하게 된다.

세 번째 파동은 이명박 정부(2008~2012)에서 일어났다. 리먼브라더스 파산으로 촉발된 글로벌 금융위기로 2008년 10월 코스피는 900포인트 아래로 붕괴했다. 그러나 불과 2년 반이 지난 2011년 4월, 코스피는 다시 2,200포인트를 넘게 된다.

네 번째 파동은 박근혜 정부를 건너뛰고 문재인 정부(2017~2022)에서 일어났다. 집권 초반, 전 세계를 휩쓸었던 코로나19 팬데믹으로 인해 코스피는 2020년 3월 1,400포인트 초반까지 밀리게 되었다. 그러나 불과 10개월 뒤인 2021년 1월, 코스피는 사상 최초로 3,000포인트를 돌파한다.

큰 파동은 언제나
구조적 변화를 동반한다

사람들은 언제나 확신 위에서 투자하길 원한다. 세상이 안정되고, 뉴스가 긍정적으로 바뀌고, 주변 사람들도 "이제 오를 때야"라고 말해줄 때 비로소 마음이 놓인다. 하지만 시장은 그런 심리적 안도와 흐름의 시작이 절대 동시에 오지 않는다는 사실을 증명해왔다. 큰 파동은 늘 변화의 문턱에서 시작된다. 그리고 그 문턱은 사람들이 대부분 두려워하는 순간에 나타난다.

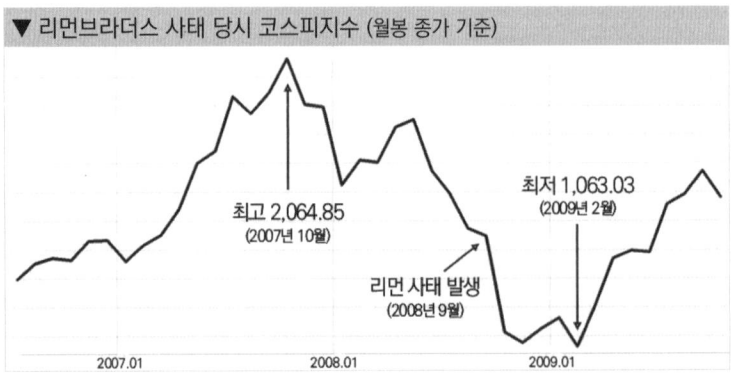

▼ 리먼브라더스 사태 당시 코스피지수 (월봉 종가 기준)

리먼브라더스가 무너진 2008년 가을, 코스피는 900포인트 아래 (장중 892.16)로 떨어졌다. 뉴스는 "세계 금융시스템이 붕괴 중"이라고 떠들었고, 증권가는 문을 닫고, 주식투자자는 얼굴을 숨겼다. 그런데 이듬해 봄, 시장은 아무 말 없이 올라가기 시작했다. 2009년 3월 코스피는 1,000포인트를 회복했고 연말에는 1,600을 돌파했다.

하락하던 시장의 흐름이 상승으로 바뀐 이유는 무엇일까? 단순하게 보면 한국 증시는 원래 하락할 상황이 아니었기 때문이다. 구조는 아무것도 바뀌지 않았다. 다만 외부로부터 불어온 바람이 너무 강했기에 잠시 흔들렸던 것뿐이다. 공포의 바람을 타고 떨어졌던 주식이 제자리를 찾아가려 하자 그 에너지가 새로운 파동으로 나타난 것이다.

누가 그 파동을 탔는가? 확신이 생긴 사람이 아니라 '두려움을 견딘 사람'이었다. 시장은 봄이 온다고 말하지 않는다. 다만 얼음이 천

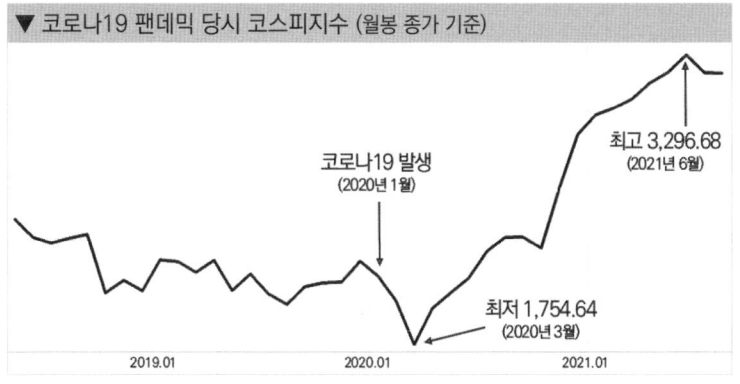

▼ 코로나19 팬데믹 당시 코스피지수 (월봉 종가 기준)

최고 3,296.68 (2021년 6월)
코로나19 발생 (2020년 1월)
최저 1,754.64 (2020년 3월)

천히 녹고 바람이 방향을 바꿀 뿐이다. 그 미세한 변화 속에서 기회를 알아보는 눈이 필요하다.

또 하나의 예는 코로나19 팬데믹이다. 2020년 3월, 전 세계 시장은 패닉에 빠졌고, 한국 코스피도 1,400선대로 무너졌다(장중 1,439.43). 기업 이익 추정치는 무의미해졌고 항공, 제조, 내수 가릴 것 없이 전 분야가 마비됐다. 모두가 말렸다.

"지금은 주식 할 때가 아니다."

그러나 그 순간, 어떤 사람들은 조용히 주식을 샀다. 이때는 구조 자체가 바뀌었다. 불황을 극복하기 위해 전 세계가 돈을 풀었고, 시중에는 유동성이 넘쳐났던 것이다. 위축되었던 소비심리가 살아나면서 보복성 소비도 한몫했다. 모두가 돈이 많았고, 모두가 돈을 쓰던 때였다. 그해 연말 코스피는 2,700을 넘어섰고 2021년 1월에는 코스피 3,000을 돌파했다.

이때도 소리 없이 조용히 파동에 올라탄 사람들은 일생일대의 큰돈을 벌었다. 그들은 미래를 본 것이 아니라, 흐름이 바뀌는 소리를 먼저 들은 사람들이었다.

조용히 울리는 시장의 진동을 느껴라

새벽은 어둡다. 그러나 새벽이 가장 어두울 때 동틀 준비가 시작된다. 변화의 문턱이란 그런 것이다. 시장은 아무 말도 하지 않지만 거기엔 언제나 징후가 있다. 고공행진하던 환율이 멈칫하고, 외국인이 조용히 돌아오고, 뉴스는 여전히 어둡지만 몇몇 주식은 조용히 오르기 시작할 때. 그것이 바로 파동의 첫 진동이다.

지각판이 움직이기 시작할 때 표면은 처음엔 조용하다. 하지만 그 아래에는 거대한 에너지가 축적되고, 마침내 그것은 눈에 보이는 큰 지진이 된다. 주식 시장도 같다. 겉으로는 여전히 한산하지만 자금은 흘러갈 방향을 정하고, 이야기는 태동하고 있으며, 다음 주도주는 서서히 윤곽을 드러낸다.

파동은 사람들이 인식하기 훨씬 이전에 시작된다. 진정한 기회는 혼란과 불확실성의 언저리에서만 태어난다. 이것이 파동의 본질이다. 파동은 방향이 바뀌는 한순간의 이벤트가 아니라, 구조 자체가 뒤집히는 시기에 일어나는 일이다. 그때는 숫자가 말해주지 않는다. 뉴스도 말해주지 않는다.

그것을 말해주는 건 오직 흐름뿐이다.

묻는다, 당신은
어느 파동에 서 있는가

파동을 공부한다는 건 단순히 시장을 예측하기 위함이 아니다. 그것은 결국 자신이 어디에 서 있는지를 알기 위해서다. 지금 시장이 상승장인지 하락장인지를 안다는 것은 어쩌면 그다지 중요한 일이 아닐지도 모른다. 더 중요한 건 그 흐름 속에서 내가 어느 물결에 올라타고 있는지를 아는 것이다.

누군가는 파동이 막 시작될 무렵 아직 조용할 때 올라탄다. 주변의 의심과 조롱을 견디고, 스스로 내린 결론에 근거해 자리를 잡는다. 누군가는 파동이 중반쯤 왔을 때 이미 절반쯤 오른 그래프를 보고 뛰어든다. 주변에서 성공담이 하나 둘 들려올 즈음 뒤늦게 감정을 정리하고 흐름에 합류한다. 또 다른 누군가는 끝물에 올라타지만, 자신만은 그 꼭대기가 아니길 바라며 손을 내민다.

그래서, 당신은 어디쯤에 서 있는가? 이 질문은 단지 시장의 타이밍을 묻는 게 아니다. 당신이 인생을 어떤 태도로 살아가고 있는지를 묻는 일이다. 과연 당신은 흐름이 시작될 무렵 세상이 떠드는 것과 반대로 조용히 나아갈 수 있는 사람인가? 아니면 모두가 박수칠 때 안심하고 움직이는 사람인가?

그리고 더 중요한 건 그 흐름 속에 자신의 인생을 얼마의 비중으로 넣어놓고 있는가이다. 마음만 걸쳐두고 있는가? 적은 금액으로 테스트만 하고 있는가? 아니면 정말 인생을 걸고 있는가?

파동은 단지 수익률의 문제를 넘어서 삶의 리듬과 연결되어 있다. 파동을 공부하려는 진짜 이유는 무엇인가? 주식을 잘하고 싶어서인가? 부자가 되고 싶어서인가? 그 질문에 솔직히 답해도 좋다. 하지만 더 깊이 들어가 보면 그 대답 너머엔 '삶을 바꾸고 싶은 열망'이 있다.

당신은 지금까지의 삶에서 무언가 놓친 것 같은 기분을 가져본 적 있는가? 한 박자만 빨랐어도, 조금만 더 용기를 냈어도, 지금쯤 다른 삶을 살고 있었을 거라는 막연한 생각. 그렇다면 지금이 그 두 번째 기회일지도 모른다.

주식 시장은 그런 기회를 파동이라는 이름으로 가끔 우리 앞에 내민다. 그 흐름에 올라탄 사람은 한 시절을 통째로 바꾸고, 이후의 인생 좌표를 새로 찍는다. 파동이 중요한 게 아니다. 그 파동 위에 올라타려는 당신의 의지가 중요한 것이다.

당신은 어떤 파동을 원하는가? 재빨리 이익을 내고 빠져나오는 짧은 물결인가, 인생의 시간을 바꾸는 깊고 긴 흐름인가? 그리고 묻는다. 그 파동에 당신은, 지금 어떤 자세로 올라서려 하는가?

THE FIFTH WAVE OF

1차 파동

바닥에서 시작된 '닷컴'의 불꽃

THE STOCK MARKET

김대중 정부,
시장구조를 전면 개혁하다

1998년, 김대중 대통령은 출범과 동시에 한국을 정보통신 강국을 만들겠다고 선언했다. 사람들은 고개를 갸웃했다. 수십만 명이 일자리를 잃고, 은행이 도산하고, 국가 신용등급이 '투기' 등급으로 떨어진 마당에 정보화라는 게 대체 무슨 의미냐는 반응이었다. 하지만 그의 선택은 충동적인 것이 아니었다. 그는 누구보다도 한국 경제의 구조적 한계를 꿰뚫고 있었다.

모든 것은
IMF 사태로부터 시작되었다

그전까지는, 정말 잘 나가고 있었다.

1990년대 중반까지 한국은 아시아의 기적이었다. 수출은 매년 늘어났고 GDP는 가파르게 상승했다. 삼성, 현대, LG, 대우 등 대기업들은 세계 시장에 '메이드 인 코리아(Made in Korea)'라는 이름을 심어 나가고 있었다. '한강의 기적'은 여전히 유효했고, 중산층은 늘어나고 있었으며, 서울엔 고층 아파트가 줄줄이 올라갔다.

1995년 한국의 GDP 성장률은 9.2%였다. 수출은 사상 최고를 기록했고, 국민소득은 1만 달러 시대를 목전에 두고 있었다. 사람들은 믿었다. 이제 한국도 선진국이 될 수 있다고. 먼 나라에서 금융위기 이야기가 들려오긴 했으나 그런 건 아르헨티나나 멕시코 같은 불안정한 나라들이나 겪는 일이었다. 문제는 바로 그런 믿음이었다.

이미 안에서부터 썩고 있었다. 한국 경제는 겉으로 보기엔 화려했지만 속은 너무도 취약했다. 재벌 중심의 과잉투자, 부실경영, 정경유착, 무분별한 외환 차입, 그리고 견제 없는 금융시스템. '속 빈 강정'이란 말이 딱 들어맞는 구조였다.

대기업은 경쟁적으로 덩치를 불렸고, 은행은 담보도 확인하지 않은 채 돈을 빌려줬다. 기업들은 수출 실적보다 레버리지로 기업 순위를 높였고, 주가는 미래가치가 아니라 빚으로 부풀어 있었다.

이런 취약한 구조 속에서 정부도, 금융계도 위기의식을 갖지 않았다. 신경 써야 할 사람들이 아무도 신경 쓰지 않는 사이에 태국에서 시작된 동아시아 외환위기는 턱밑까지 번져왔고, 한국은 단숨에 무너졌다.

1997년 11월 21일, 국가부도의 날

그날 이후 모든 것이 바뀌었다. 1997년 11월 21일, 한국은 국제통화기금(IMF)에 구제금융을 요청했다. 요청 금액은 약 580억 달러. 한국 역사상 처음으로 국가가 외국돈에 목숨을 의탁한 날이었다. 2018년에 개봉된 영화 「국가부도의 날」을 보면 당시의 상황이 얼마나 긴박했는지 잘 알 수 있다.

기업들이 하루가 멀다 하고 줄줄이 쓰러지면서 실직자들이 거리로 쏟아졌다. 은행은 대출을 중단했고, 증권사는 고객센터부터 문을 닫기 시작했다. 코스피지수는 1997년 초 700포인트 선에서 12월에는 300선까지 폭락했다.

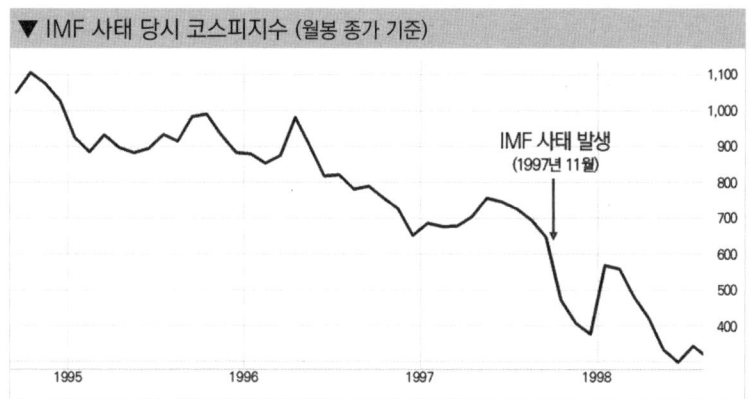

대우, 삼미, 기아, 진로, 한보…. 하룻밤만 자고 일어나면 대기업들이 도미노처럼 쓰러졌다. 실업률은 2%대에서 단숨에 7% 이상으로 치솟았다. 구조조정으로 100만 명이 하루아침에 해고되었다.

아침이 오지 않을 것 같은 밤이었다. 직장을 잃은 가장들은 대리운전을 시작했고, 대학 졸업장을 들고도 편의점에서 일하는 청년들이 늘어났다. 무너진 가계는 결국 신용불량자 300만 명 시대로 이어졌다. 1998년 자살률은 전년 대비 47% 증가했다. 더 이상 경제는 숫자로만 존재하는 게 아니었다. 그것은 사람들의 목숨줄을 쥐고 흔드는 존재가 되었다.

IMF 체제 속에서 국가도, 정부도 자존심을 내려놓았다. 그러자 국민들이 먼저 움직였다. 바로 '금 모으기' 운동. 1998년 1월부터 시작된 이 운동은 단 5개월 만에 226톤의 금을 모았다. 이는 당시 한국 전체가 보유한 금의 3분의 1에 해당했다. 사람들은 결혼반지와 시계, 금니, 아이 돌반지까지 들고 나왔다. 아끼던 금을 내놓고 눈물 흘리던 모습은 IMF 시대를 상징하는 이미지가 되었다.

이 와중에 누가 "주식을 사야 한다"고 말할 수 있었을까. 그해 초, 주식 투자자들은 "IMF 이전보다 더 떨어졌다"는 말만 되풀이했다. 사람들은 예·적금을 깨고 있었고, 펀드라는 단어는 공포의 대명사처럼 들렸다.

사실 사람들이 고개를 숙이고 있을 때 시장은 이미 고개를 들기 시작하고 있었다. 완전히 죽은 줄 알았던 시장은 다가올 상승을 조용히 준비하고 있었던 것이다. 그러나 그 이야기에 앞서, 우리는 반드시 이 절망의 시간을 기억해야 한다.

뜬금없는
'정보화 시대' 선언

절망의 시대에도 흐름은 있었다. 시장은 모두가 등을 돌렸을 때 가장 깊은 바닥에서부터 다음 물줄기를 준비하고 있었다. 그리고 그 물줄기는 예상 밖의 곳에서 시작되었다.

그해 봄, 시장에 심상치 않은 바람이 불기 시작했다. 극소수의 종목이 오르기 시작했고, 알려지지 않은 회사들의 주가가 수직상승했다. 그들은 '인터넷'이라는 단어를 등에 업고 있었다. 모두가 등을 돌린 시장에서 '다음', '새롬기술', '한글과컴퓨터' 같은 이름들이 조용히 파동의 물꼬를 트기 시작했다.

1998년, 김대중 대통령은 출범과 동시에 한국을 정보통신 강국으로 만들겠다고 선언했다. 사람들은 고개를 갸웃했다. 수십만 명이 일자리를 잃고, 은행이 도산하고, 국가신용등급이 '투기' 등급으로 떨어진 마당에 정보화라는 게 대체 무슨 의미냐는 반응이었다.

하지만 그의 선택은 충동적인 것이 아니었다. 그는 누구보다도 한국 경제의 구조적 한계를 꿰뚫고 있었다. 한국의 성장은 그간 중화

학공업과 수출 중심 제조업에 의존해 왔지만, 이제는 경쟁국에 밀리기 시작했고, 산업구조 자체가 낡고 무거워져 있었으며, 고용은 줄어들고, 생산성은 정체되기 시작했다.

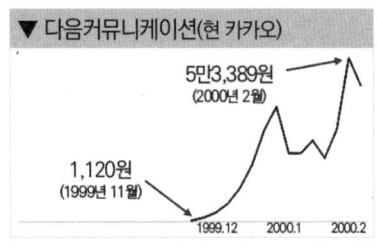

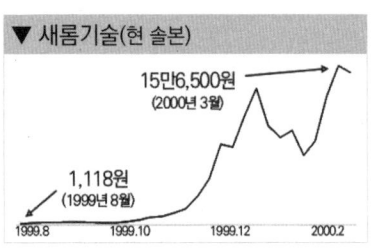

김대중 대통령은 이를 '90년대식 산업 피로'로 진단했다. IMF 위기는 단지 외환보유고가 바닥났기 때문에 일어난 게 아니라 한국 산업이 20세기 후반의 구조에 갇혀 있었기 때문이라고 보았다.

그가 주목한 건 미국이었다. 당시 미국은 '정보고속도로(Information Superhighway)'라는 이름 아래 인터넷과 컴퓨터 산업이 급성장하고 있었고 나스닥 시장에서는 마이크로소프트, 인텔, 시스코 같은 기술 기업들이 경제 성장의 새로운 축이 되어가고 있었다. 그는 말했다.

"지금 우리가 이 길을 걷지 않으면 한국은 더 이상 선진국으로 갈 수 없다."

이런 맥락에서 보면 김대중 정부의 정보화 선언은 단순히 IT산업 진흥을 위한 뜬금없는 선언이 아니라 한국 산업 전체의 체질을 바꾸려는 구조개혁의 방향 제시였다. 그만큼 정부는 강한 의지를 보였고, 행정과 예산과 인프라와 교육이 하나의 키워드 아래 움직이기 시작했다.

코스닥이 움직이기 시작했다

그 움직임의 진원지는 놀랍게도 그동안 주류에서 철저히 무시되던 코스닥 시장이었다. 코스닥은 1996년에 출범했지만, 출시 초반에는 '2부 리그' 취급을 받았다. 메인 시장인 코스피(유가증권시장)에 비해 시가총액도 작고, 상장기업 수도 적었으며, 유동성이 부족하고 기업의 투명성도 불안하다는 평가를 받았다.

투자자들 사이에선 "코스닥에 들어가면 다 망한다"는 말이 돌았고, 전업투자자들조차 이 시장을 변방으로 취급했다. 심지어 언론에서도 코스닥 시세표는 일간지의 구석 한 면에 작게 실릴 뿐이었다.

그러나 정보화 바람이 불면서 코스닥의 성격은 근본적으로 바뀌기 시작했다. 기존 대기업들은 코스피에 상장되어 있었지만 새롭게 등장한 인터넷·소프트웨어 기반의 신생 기업들은 자연스럽게 코스닥에 자리를 잡았다. 정부는 이들에게 각종 세제 혜택과 신용보증을 제공했고, 정책자금과 창업 인큐베이팅 시스템까지 연결해주었다. 코스닥은 단순한 거래 시장이 아니라 새로운 산업의 실험실이자 정부 성장 전략의 무대가 되었다.

사람들의 시선도 변하기 시작했다. 처음엔 의심했지만, 새롬기술의 주가가 열흘 만에 두 배를 찍고 다음커뮤니케이션의 시가총액이 상위권으로 치고 올라오자 시장 전체가 놀라기 시작했다. 한때 비웃음의 대상이던 코스닥은 이제 벤처 신화의 발판이 되었고, 주식 투자자들 사이에선 "앞으론 코스닥을 알아야 돈 번다"는 말이 돌기 시작했다.

정부의 정보화 전략과 코스닥의 재평가는 따로 움직인 것이 아니었다. 그 둘은 마치 두 갈래 강물이 하나로 합쳐져 파도를 일으키는 지점처럼 한국 증시의 새로운 흐름을 만들어냈다.

당시 시장을 떠났던 많은 개인투자자들이 이 조용한 파동을 감지하고 다시 증권사 창구를 찾기 시작했다. 코스닥은 단지 주가가 오르는 곳이 아니라 잃어버렸던 미래에 대한 기대가 되살아나는 공간이 되었다.

열기와 탐욕의 코스닥,
그리고 닷컴버블의 시작

시장의 흐름은 조용히 시작되었지만 그 파장은 생각보다 빠르게 퍼져나갔다. 처음엔 새롬기술과 다음커뮤니케이션 단 두 종목이었다. 그러나 그 둘은 단지 우연히 급등한 테마주가 아니었다. 그들은 방향을 보여준 신호였고, 파동의 첫 물결이었다.

새롬기술(현 솔본)은 '다이얼패드'라는 기술로 인터넷을 통한 무료 통화를 가능하게 했다. 지금은 당연한 서비스처럼 생각되지만 당시에는 혁신적인 일이었다. 전화는 당연히 비용을 내고 사용하는 것이었고, 인터넷은 텍스트와 저화질 이미지의 공간이었다. 그 누 넝녁이 처음으로 하나로 연결되었을 때 시장에 있던 사람들은 그것을 단순한 기술이 아니라 시대 변화의 징조로 받아들였다. 먼 훗날 애플이 전화와 인터넷이라는 두 영역을 아이폰 하나로 통합했을 때의 충격을 이미 코스닥 시장에서는 경험했던 것이다.

그리고 다음커뮤니케이션(현 카카오). 이메일, 뉴스, 게시판, 검색을 한 화면 안에 담아 인터넷을 '정보를 소비하는 공간'으로 만든 회사.

그들이 제공한 이메일 서비스인 한메일은 처음으로 전 국민이 온라인 주소를 갖게 했다. 포털이라는 단어조차 낯설던 시절, 다음커뮤니케이션은 이미 인터넷이라는 강의 초입에 둑을 세우고 있었다.

새롬기술은 기술의 가능성을 보여주었고, 다음커뮤니케이션은 그 가능성을 대중적 인프라로 바꾸어냈다. 이 두 기업이 보여준 것은 '인터넷은 돈이 된다'는 하나의 결론이었다.

3,000포인트를 위협한 코스닥

시장은 반응했다. 1998년 9월, 코스닥 지수는 600포인트 초반에 머물러 있었고 대부분은 여전히 회의적이었다. 그러나 1999년을 지나면서 조용한 파동은 급류가 되기 시작했다.

그 상승은 단순히 몇 개 종목의 일이 아니었다. 주도주는 방향을 제시했고, 그 방향을 따라 자본은 무리지어 움직이기 시작했다. 사람들은 말했다. 새롬기술은 1,000원에서 10만 원이 되었고, 다음커뮤니케이션의 시가총액은 삼성전자를 넘었다고. 그러나 진짜 중요한 것은 그들이 먼저 올라섰기 때문에 수많은 다른 기업들도 뒤따를 수 있었다는 점이다.

코스닥 전체가 움직였다. 인터넷 쇼핑몰, 온라인 보안, 채팅 플랫폼, 도메인 관리업체, 홈페이지 제작 솔루션, 게임, 문자메시지, 검색엔진, 음성 전송…. 무엇이든 '인터넷 기반'이라는 말만 붙이면 주가는 반응했고, 시장도 그 흐름을 정당화해주었다. 단지 시장이 과열되었다고 말하기에는 실체가 너무나 분명했다. 파동의 방향이 명확했기 때문에 생긴 구조적 확산이었다. 사람들은 그 구조 안에서 이제 막 투자라는 단어를 배워가기 시작했다.

문제는 그 배움이 매우 빠른 속도로 탐욕과 기대가 섞인 언어로 진화했다는 것이다. 사람들은 주가를 보지 않고 상승률만 보았다. 가치보다 속도를 먼저 따졌고, 실적보다 뉴스의 크기를 중요하게 여겼다.

서울의 증권사 객장은 다시 북적이기 시작했다. 부동산을 정리해 현금을 만들었다는 이들이 나왔고, 학부모들은 아이들 이름으로 계좌를 만들었다. 창업보다 주식이 더 빠른 부의 경로라는 믿음이 세대를 가로질러 퍼져나갔다. 그러나 그 모든 현상 아래에서 시장은 말이 없었다. 늘 그래왔듯, 한 방향으로 조용히 흘러갈 뿐이었다.

분명 신기루는 아니었다

2000년 3월 코스닥지수는 2,925포인트(장중가)까지 치솟았다. 역대 최고치였다. 2025년 현재도 1,000포인트 아래를 유지하고 있다는 걸 생각하면 그 당시 상승이 얼마나 대단했는지 실감할 것이다.

정부는 환호했고, 언론은 벤처 CEO들을 표지모델로 내세웠으며, 대학에서는 IT 관련 학과의 경쟁률이 급상승했다. 한국 사회는 "마침내 우리도 변화의 물결에 올라탔다"는 착각 아닌 착각 속에 있었다. 그것은 착각일까, 진실일까. 답은 그렇게 단순하지 않다.

시장의 흐름은 틀리지 않았다. 정보화 사회는 실제로 도래했고, 기술의 방향도 옳았다. 다만 그 속도에 비해 사람들의 기대가 너무 빨랐을 뿐이다. 강물은 제 방향으로 계속 흐를 뿐 그 위에 배를 띄우는 건 사람의 몫이다. 너무 빨리 나아가려다 물이 다 차기도 전에 노를 젓는 것, 그것이 바로 이 시기의 시장이었다.

그러나 기억해야 한다. 파동은 이때, 분명히 존재했다. 그것은 신기루가 아니었고, 일시적 착각도 아니었다. 그것은 구조와 기술과 사회가 함께 만든 한국 증시의 첫 번째 진짜 파동이었다.

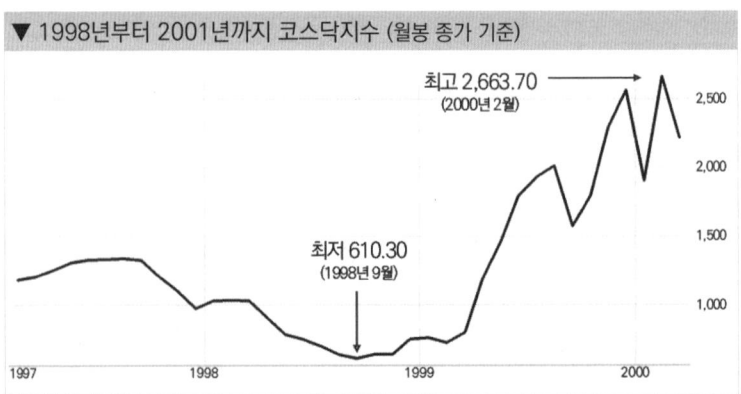

▼ 1998년부터 2001년까지 코스닥지수 (월봉 종가 기준)

경제 체질이 바뀌자
코스피가 살아났다

당시 사람들의 시선은 대부분 코스닥에 쏠려 있었다. 인터넷, 벤처, 새롬기술, 다음…. 뜨겁고 화려한 이야기가 넘쳐났고, 사람들은 모두 그 파동의 정점만 기억한다. 하지만 사실은 아주 조용히, 코스피도 함께 오르기 시작했다.

IMF 사태 이후 코스피는 경제 체질 개선의 반영판이 되었다. 1998년 외환위기로 박살 난 코스피는 200포인트 선까지 무너졌다. 그러나 김대중 정부 출범 이후 한국은 빠르게 IMF와의 구조조정 합의를 이행했고, 다음과 같은 변화가 나타났다.

- 금융권 구조조정
- 정리해고제 도입과 비정규직 확대
- 외국인 투자 허용 확대
- 기업지배구조 개혁 시도
- 외환시장 자유화

이 모든 조치들을 이행하는 일이 당장은 너무나 아프고 논란이 많았지만 국제사회가 한국을 다시 신뢰하게 만든 계기가 되었다. 그 신뢰는 코스피에 고스란히 반영되기 시작했다.

1999년 7월, 코스피는 어느새 1,000포인트를 넘어섰다. 불과 1년 전만 해도 "나라가 망한다"는 말이 돌던 시장이었다. 그런 한국이 다시 외국인 투자자의 매수 대상국이 되었고, 신흥국 중에서도 가장 개선 속도가 빠른 국가로 꼽히기 시작했다.

고통의 시간 후 시장의 신뢰를 얻다

여기에 결정적 한 방이 더 있었다. 남북정상회담이었다. 2000년 6월, 김대중 대통령은 한국전쟁 이후 처음으로 북한의 김정일과 정상회담을 성사시켰다. 심지어 서울도 아니고 평양에서. 누구도 예상 못한 장면이었다. 그해 김대중 대통령은 노벨평화상을 수상했고, 한국은 국제사회가 정치적 리스크를 우려하지 않아도 되는 합리적 국가로 탈바꿈하기 시작했다. 북한은 항상 코리아 디스카운트(Korea discount, 한국 주식의 가치가 상대적으로 저평가되는 현상)의 상징이었다.

"전쟁이 나면 어떻게 하느냐."
"한반도 리스크가 있어서 투자를 못 하겠다."
IMF 사태 이전까지 외국인 투자자의 입에서는 이런 말들이 자연스럽게 나왔다. 그러나 이런 말은 2000년 이후 주식 시장에서 점점 사라지기 시작했다.

그 시절, IMF는 점령군이었다. 긴급 구조자금이라는 이름으로 들어온 그들은 금고를 열어보자고 했고, 기업의 장부를

(출처 : 산업연구원 자료 재구성 / 신고 아닌 유입액 기준)

내놓으라고 했고, 사람을 자르라고 명령했다. 한국은 자존심을 내주고 구조조정을 받는 국가가 되었다. 사람들은 분노했고, 거리엔 "외환위기 책임자 처벌하라"는 구호가 넘쳤다.

그러나 시간이 지나면서 드러난 건 역설이었다. 모두를 고통에 빠뜨렸던 IMF 사태는 결국 한국 경제의 체질을 바꾸는 기폭제가 되었다. 비정규직 확대, 정리해고제 도입, 금융권 정비…. 그 모든 건 지금 다시 보면 쓴 약이었다.

당시엔 너무 쓰고, 너무 아팠고, 너무 억울했다. 하지만 그 쓰디쓴 약을 삼킨 덕분에 한국은 위기를 다르게 통과할 수 있었다. 국제사회는 한국에 대해 IMF 처방을 가장 성실하게 이행한 나라로 기억했고 그에 따라 외국인 투자금도 다시 돌아오기 시작했다.

광기 속에서
조용히 빠져나가는 선수들

시장은 조용히 흘러가고 있었지만 그 위에 오른 사람들은 점점 더 흥분하고 있었다. 파동이 시작될 땐 소수만이 눈치를 채고, 중반부엔 다수가 합류하며, 말미에는 누구나 믿기 시작한다. 이제 시장은 영원히 오를 것이고 이대로라면 부자가 되는 건 시간문제라고 말이다.

1999년과 2000년 초, 한국의 증시는 정확히 그 단계에 도달해 있었다. 사람들은 더 이상 '왜 오르는가'를 묻지 않았다. 그건 이미 검증된 사실처럼 여겨졌다. 모두가 동의했고 그 동의는 현실이 되었다. 뉴스는 매일 새로 탄생한 벤처기업을 소개했고, 정부는 정보화·창업국가·벤처육성이라는 슬로건을 밀어붙였으며, 증권사는 더 많은 상품과 레버리지를 제공했다. 그 시기에 코스닥 시장에서 가장 흔한 풍경은 하루에도 몇 번씩 상한가를 터치하는 종목들이었다. 그 종목에 얽힌 이야기들은 문서보다 빠르게 유통되었다.

"얘기 들었어? 저 회사 대표가 한메일 만든 사람 친구래."

"이 회사 이번에 미국 진출한다더라."

"보안 솔루션 국책 과제로 들어간대."

오르는 종목엔 언제나 이유가 따라붙었다. 아니, 오르면서 이유가 만들어졌다. 증거는 없었고, 필요하지도 않았다.

주식은 이제 신앙이 되었다. "늦기 전에 사야 한다"는 강박은 생애 처음 주식을 시작하는 사람들의 손을 잡아끌었다. 은행에서는 청약통장보다 주식계좌 개설이 많아졌고, PC방에선 종목 토론이 오갔으며, 상가에선 '다음 주식 정보 모임'이 열린다는 전단지가 돌았다. 유학자금, 결혼자금, 퇴직금이 모두 하나의 통로로 몰렸다.

그러나 그 열기 속에서 사람들은 한 가지 사실을 잊고 있었다. 시장은 절대 모든 사람을 부자로 만들지 않는다는 것. 누군가가 벌고 있다는 건 다른 누군가가 잃을 준비가 되어 있다는 뜻이다.

흐름을 놓치는 사람들의 2가지 오류

그 시기, 주식을 오래 해온 이른바 '선수'들은 조용히 빠져나가고 있었다. 그들은 말하지 않았다. 파동이 너무 강할 땐 어차피 다른 말이 들리지 않기 때문이다. 그리고 파동이 너무 뜨거워지면 그 위에 탄 사람들은 불을 조절할 수 없다. 그들은 끝까지 올라가야만 멈춘다. 가장 달콤한 오판은 바로 이것이다.

"이번엔 진짜 다르다."

IMF도 지나갔고, 정보화 시대가 도래했고, IT는 세상을 바꾸고 있으며, 이제 한국도 그 물결에 올라탔다는 믿음. 그 믿음은 절반쯤은 옳았다. 그러나 문제는 그 믿음이 지나쳐 모두의 확신이 될 때 시장은 비로소 무너진다는 것이다.

이미 주가는 너무 올라 있었고, 누가 봐도 속도는 비정상적으로 가팔랐으며, 뉴스는 매일같이 '사상 최고치'를 외치고 있었다. 그럼에도 사람들은 계속 올라탔다.

왜 멈추지 못했을까. 이유는 간단하다. 사람은 관성을 믿는 존재이기 때문이다. 오를 때는 계속 오를 거라 생각하고, 내릴 때는 끝없이 무너질 거라고 믿는다. 그게 인간의 감정적 선형성이다. 현실은 곡선처럼 움직이는데, 사람은 언제나 직선처럼 예측한다.

그 본능적인 습성은 시장에서 크게 두 가지 인지 오류로 나타난다. 하나는 '후행적 확신'이다. 지금까지 올라왔으니 앞으로도 오를 것이다. 누구나 차트를 본다. 그리고 그것이 앞으로도 계속 같은 각도로 진행될 거라고 믿는다. 다른 하나는 '행동의 확신' 편향이다. 내가 지금 이 순간 매수 버튼을 누르는 이유는 어디까지나 잘 판단했기 때문이라고 스스로를 설득한다. 그렇게 한 번 클릭한 뒤에는 그 판단을 부정하기 어렵다.

그래서 브레이크는 늦고 가속은 쉽다. 파동의 말기에 사람들이 오히려 더 크게 베팅하는 이유는 그들이 잘 몰라서가 아니라 너무 강하게 믿고 있기 때문이다.

욕심은 이성의 반대말이 아니다. 욕심은 이성을 지배하는 믿음의 언어다. '나는 다르다', '나는 빠르다', '나는 판단하고 있다'는 환상 속에서 사람은 자신이 알고 보면 파동의 기류에 휘둘리고 있다는 걸 모른다. 시장이 광기로 번지는 이유는 사람들이 감정적이어서가 아니다. 인간이기 때문에, 즉 본능에 충실하기 때문에 시장이 과열되는 것이다.

이 시기의 기억할 만한 장면들이 있다. 어느 카페, 어느 일간지, 어느 아침 방송에 성공한 개미투자자들이 출연한다. 인터넷 회사에 투자해 2억 원을 벌었다는 30대 회사원, 벤처기업에 돈을 넣고 1년 만에 퇴직한 40대 중간관리자, 주식으로 유학 자금을 마련한 대학생. 모두가 "주식은 공부하면 할수록 잘 된다"고 말했다.

그러나 그 말은 파동이 이미 시작되고 나서야 맞는 말이었다. 시장이 열기와 확신으로 가득 찼을 때 가장 조심해야 할 사람은 스스로 잘 알고 있다고 믿는 사람이다.

새로운 속담 '주식 하면 패가망신'

그때도 시장은 아무 말도 하지 않았다. 지수는 여전히 높았고, 상승은 끝날 줄 몰랐으며, 더 많은 돈이 유입되고 있었다. 그러나 강물은 이미 수면 아래에서 속도를 늦추고 있었고, 조용히 휘돌기 시작하고 있었다.

파동은 사람을 흥분시키지만 그 흥분은 진짜 흐름과 다르게 움직인다. 그래서 고수는 조용히 물러나고, 초심자는 오히려 배팅을 늘린다. 그 차이가 파동의 끝에서 나타나는 격차다.

2000년 3월 코스닥지수는 2,925.50포인트(장중가)를 찍고 그 후 2년 동안 절반으로, 또 절반으로, 그리고 다시 절반으로 떨어졌다. 파동이 강하게 올수록 그 끝은 조용하지 않다. 그리고 닷컴버블의 끝은 침묵도, 조용함도 아니었다. 그건 와르르 무너지는 소리였다.

상장폐지, 횡령, 허위공시, 부도…. 기업들이 무너진 게 아니라, 신뢰라는 단어 자체가 무너졌다. 투자자들은 등을 돌렸다. 인터넷, 포털, 음성통신…. 그토록 미래라 외치던 말들은 이젠 사기처럼 들렸다. 그리고 코스닥이 무너질 때 사람들은 기술을 의심한 것이 아니라 자기 자신을 의심하게 되었다.

"나는 왜 저기에 올라탔을까."

▼ 닷컴버블 전후의 코스피지수 변화 (월봉 종가 기준)

"내가 뭘 믿은 걸까."

그 질문은 주식 시장을 떠나 사회 전반의 기본적인 신뢰 구조를 흔들었다. '주식 하면 패가망신한다'라는 생각이 확산된 것도 이때의 경험에서 비롯된 것이다.

1차 파동의 마지막 한 방 '신용카드 대란'

꺼져가는 시장의 불꽃 위에 마지막 찬물을 끼얹는 일이 벌어졌다. 바로 2002년 신용카드 대란이었다. 돈은 사람들의 주머니에서 나왔고, 그 주머니는 카드로 채워져 있었다.

김대중 정부는 IMF 사태 이후 내수를 부양하기 위해 카드 사용을 적극 장려했다. 소득공제 혜택을 강화했고, 세무 감시를 카드에 연동했으며, 소득이 없는 학생과 주부에게도 신용카드를 쉽게 발급했다. 그 결과 2000년 말 기준 4,000만 장이던 신용카드는 2002년엔 1억 장을 돌파했다. 국민 1인당 평균 두 장 이상을 가진 셈이었다.

문제는 너무 빠른 확산이었다. 신용카드는 현금처럼 쓰이기 시작했고, 사람들의 소비는 미래에 벌 돈을 현재 다 써버리는 구조로 바뀌었다. 소득 없는 소비, 미래를 담보로 한 현재의 과잉. 그건 닷컴 버블의 붕괴로 흩어진 신뢰 위에 또 한 번 시장의 믿음을 무너뜨리는 사건이 되었다.

결과는 참혹했다. 2002년 한 해 동안 1,000만 명 이상의 연체자가 나왔고, 그중 400만 명 이상은 금융적 회복이 어려운 신용불량자로 등록되었다. 카드사의 연쇄 부실과 함께 LG카드, 삼성카드, 현대카드 등 주요 카드사들이 흔들렸고, 정부는 긴급자금 수혈과 구조조정을 단행해야 했다.

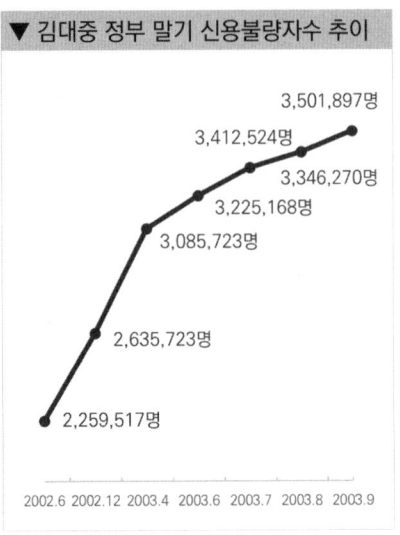

▼ 김대중 정부 말기 신용불량자수 추이

(출처: 전국은행연합회 자료 재구성)

시장은 이 모든 흐름을 보고 있었다. 기술이 아니라 '환상'으로 부풀렸던 벤처, 신용이 아니라 '빚'으로 과열된 소비, 그리고 기회가 아니라 '붕괴'로 이어진 미래. 사람들은 다시는 쉽게 미래를 꿈꾸지 않게 되었고, 투자자들은 다시는 쉽게 믿지 않게 되었다.

IMF 사태 이후 김대중 정부에서 나타난 첫 번째 파동은 분명 실체가 있었고, 동력도 강했다. 그 자체로는 절대로 착각이나 광기가 아니었다. 문제는 그 실체 위에 쌓인 착각이 너무 많았다는 것이다.

1차 파동을 돌아보며

- 정치가 시장에 미치는 영향은 어디까지일까?

- 김대중 대통령의 정보화 시대 추진이 실제로 주가를 올렸다고 볼 수 있을까?
  '정보화'라는 말은 실제로 사회와 시장에 어떤 기대를 심었는가?
  당시 사람들은 왜 그 말을 믿었을까?

- 사람들은 왜 시장이 과열됐음을 알면서도 멈추지 못하는가?
  "나는 다르다"라는 착각은 왜 반복되는가?
  요즘 투자자들도 같은 착각을 하고 있지는 않은가?

- 나 자신이 그때 그 자리에 있었다면 어떻게 행동했을까?

- 새롬기술과 다음커뮤니케이션은 단지 운이 좋았던 것일까?
  아니면 파동의 핵심이 되는 어떤 구조를 선점했기 때문일까?

- 이 시기 급등한 주식들의 주가가 단지 '버블(거품)'이었다고 말할 수 있을까?
  진짜 파동과 거품의 차이는 무엇인가?

- 지금 내가 보고 있는 주식 시장에 새롬기술이나 다음커뮤니케이션과 같은 흐름이 다시 나타나고 있다고 느끼는가?

- 나는 상승장이 길어질수록 더 자신감을 느끼는 편인가, 아니면 의심이 많아지는 편인가?

2차 파동

신뢰가 만든 코스피 2,000의 시대

THE STOCK MARKET

노무현 정부,
사실은 가장
시장친화적이었던

2000년의 닷컴 파동은 사실상 한국인들끼리 만든 시장이었다. 정부가 방향을 제시했지만 개인투자자들이 주도했고, 외국인은 관망자에 가까웠다. 그들에게 한국은 여전히 북한과 군사적 긴장이 공존하는, 기회는 있으나 리스크가 더 큰 시장이었다. 그러나 2002년, 모든 것이 바뀌었다.

반시장의 아이콘,
가장 친시장적 행보를 보이다

시장은 단지 숫자로만 움직이지 않는다. 어떤 흐름은 신뢰에서 오고, 신뢰는 이미지와 인식의 변화에서 시작된다.

2000년의 닷컴 파동은 사실상 한국인들끼리 만든 시장이었다. 정부가 방향을 제시했지만 국내 개인투자자들이 주도했고, 외국인은 관망자에 가까웠다. 그들에게 한국은 여전히 북한과의 군사적 긴장이 공존하는, 기회는 있으나 리스크가 더 큰 시장이었다. 그러나 2002년, 모든 것이 바뀌었다.

한일 월드컵. 그 대회에서 한국은 단순한 개최국이 아니었다. 4강 신화, 붉은 물결, 거리 응원, 시민 질서, 그리고 무엇보다도 국가 전체가 한 방향으로 움직이는 역동성을 전 세계에 보여주었다. 그건 단지 스포츠 행사가 아니었다. 세계가 한국을 다시 보게 되는 순간이었다.

"한국은 더 이상 동북아의 불안한 국가가 아니다. 한국은 스스로를 통제하고, 국제 행사를 주도하며, 세계와 호흡할 수 있는 나라다."

이러한 이미지 전환은 단지 외교나 문화적 평가에 그치지 않았다. 자본은 늘 '이미지'를 먼저 본다. 이후 한국 시장에 대한 외국인의 태도는 분명히 바뀌었다.

"이 나라는 생각보다 훨씬 성숙한 시스템을 갖췄다."

"단기적으로 급등락하는 시장이 아니라 제도와 사회가 갖춰진 투자처다."

그렇지만 시장은 닷컴버블의 붕괴와 신용카드 대란으로 아직 냉각되어 있었 그 상태로 2002년 대선이 시작됐다.

외국 자본이 한국을 신뢰하기 시작했다

그때 등장한 인물이 노무현이었다. 노무현 후보는 변호사 출신이었지만 대학을 나오지 않았고, 고졸 학력이라는 사실이 신문기사마다 강조되었다. 그는 군복무기간을 줄이겠다고 했고, 미국과 거리두기를 강조했다. 반면 상대인 이회창 후보는 서울대 법대를 졸업한 판사 출신에다 두 차례 총리를 지낸 엘리트였다.

반미, 반한나라당, 반재벌. 시장 입장에서 그는 너무 많은 '반(反)'의 아이콘이었다. 언론은 그를 "말은 잘하지만 불안한 후보"라 불렀다. 시장에서는 노무현을 두고 "어디로 튈지 모르는 정치 초년생", "감성은 있으나 방향은 없다"고 평가했다. 그가 대통령에 당선되자 주가는 하루 만에 급락했고, 언론은 '정권 교체 리스크'라는 단어를 꺼냈다. 시장에는 아무도 그를 신뢰하지 않았다.

그런데 그다음이 의외였다. 노무현 대통령은 임기 초반부터 기업 지배구조 개선을 위한 법과 제도를 다듬기 시작했다. 공정거래위원회에 힘을 실었고, 재벌의 순환출자구조를 공격했으며, 사외이사제와 내부감시 강화 같은 투자자 보호 조항을 법제화했다. 그는 기업의 손을 잡지 않고, 시장의 손을 잡았다.

노무현을 불신하던 외국인 투자자들은 그의 개혁을 조용히 지켜봤다. 그리고 그 흐름은 같은 해 하반기부터 서서히 자금 유입으로 이어졌다. 2003년부터 외국인의 매수세가 조용히 유입되었다. 2003년부터 2005년까지 외국인의 매수세는 한국 증시를 조용히, 그러나 완전히 지배하기 시작했다.

거래소의 매매 주체 비중에서 외국인은 40% 이상을 차지했고, 특정 기업의 주식은 절반 이상이 외국인 소유로 바뀌었다. 삼성전자, 포스코, 현대차…. 그들은 이제 단지 한국 기업이 아니라 글로벌 자

▼ 코스피에서 외국인 투자자의 비율 변화

(출처 : e-나라지표 자료 재구성)

본이 선택한 한국의 대표 자산이 되었다.

게다가 이때의 외국인 자본은 한탕을 노리는 플레이어가 아니었다. 회사의 이익, 산업의 성장성, 환율과 무역흑자, 그리고 리스크의 예측 가능성. 이 모든 것을 종합적으로 계산해 '이제 들어가도 되겠다'는 결론을 내린 투자자였다.

그 결론은 단지 숫자만으로 도출된 것이 아니었다. 국가의 이미지, 시장의 질서, 그리고 세계무대에서의 존재감. 2002년의 한국은 그 모든 걸 보여줬고 그 결과 외국인의 판단은 바뀌었다. 어찌 보면 지금 전 세계를 호령하고 있는 K콘텐츠의 씨앗은 이때부터 자랐다고 해도 과언이 아니다.

이후의 자금은 그냥 유입이 아니라 체류였다. 위험을 감수하고도 기회를 노리는 단발성 자금이 아니라, 이익을 분배받고 머무르려는 자금. 한국 시장은 잠깐 반등하는 시장이 아니라 새로운 흐름을 형성하는 무대로 바뀌고 있었다. 그 중심에 외국인 자본이 있었다.

심리적 장벽
'코스피 2,000'을 넘다

어떤 뉴스도 없었고 눈에 띄는 이벤트도 없었지만 코스피는 서서히, 그리고 단단하게 올라가기 시작했다. 그 상승은 1차 파동과는 완전히 달랐다. 이번에는 거품이 아니었다. 시스템이 작동하는 경제, 제도가 정직하게 뿌리내리는 시장, 그 위에서 자본은 움직이기 시작했다. 2005년 코스피지수는 1,000선을 돌파했다.

주도주도 달라졌다. 더 이상 테마가 아니라 실적과 수출이 시장을 주도했다. 삼성전자, 현대차, 포스코…. 어디서나 볼 수 있는 이름들이 이제는 예측 가능한 숫자로 시상을 이끌었다.

사람들은 노무현을 믿지 않았다. 그러나 그의 정책은 결국 시장이 원하는 방향으로 도달했다. 그것이 파동의 진짜 조건이다. 감정보다 구조, 호기심보다 신뢰. 그리고 시간이 흐를수록 조용해지는 물결.

2007년 4월, 한국은 미국과 자유무역협정(FTA)을 체결한다. 아이러니하게도 정치적 반대를 무릅쓰고 이 협정을 강력하게 추진한 이는 한때 반미주의자라 불렸던 노무현 대통령이었다. 그는 대통령 취임 전까지 주한미군 주둔 문제, 전시작전권 환수 문제 등을 놓고 미국과 각을 세웠던 인물이다. 그러나 대통령이 된 그는 오히려 한국 시장을 세계 자본시장 안에 정착시키기 위해 예측 가능하고 개방된 체계를 만드는 쪽으로 선택을 했다.

한미 FTA의 체결은 결정적인 장면이었다. 외국 자본 입장에서 한국은 더 이상 폐쇄적이고 충동적인 시장이 아니라 자유무역의 틀 안에서 움직일 수 있는 국가라는 강한 인식을 갖게 됐다.

광기가 아닌 조용한 '진짜 파동'

그리고 2007년 7월, 드디어 '코스피 2,000' 시대가 열렸다. 그러나 이번엔 시장 참여자들의 함성이 없었다. 광기도 없었고, 유행도 없었다. 그러나 그 조용함이 진짜 파동의 증거였다. 1차 파동이 감정과 기대의 산물이었다면 2차 파동은 구조와 신뢰가 만든 탄탄한 흐름이었다.

한미 FTA 체결로부터 반 년 후인 2007년 10월, 또다시 남북정상회담이 평양에서 열렸다. 노무현 대통령은 군사분계선을 걸어서 넘었고, 김정일 위원장과 만찬을 가졌다. 세계 언론은 이 사건을 한반도의 긴장 완화를 상징하는 장면으로 보도했고, 한국 증시는 지정학적 리스크 완화라는 명분을 얻었다.

FTA로는 서쪽 문을 열었고, 정상회담으로는 북쪽 장벽을 낮췄다. 이 두 사건은 코스피 2,000을 향해 걸어가던 시장에 국제적 신뢰의 지붕을 씌워주는 결정적 순간이었다.

그것은 단지 국내 실적이나 수출 증가만으로는 설명할 수 없는 신뢰의 파동이었다. 시장은 더 이상 기대감으로만 오르지 않았다. 숫자가 말했고, 정치가 동의했으며, 자본이 그 위에 올라탔다. 실제로 당시의 코스피지수는 2,000포인트를 잠깐 찍고 떨어진 게 아니라 2008년 초까지 2,000포인트 안팎을 꾸준히 오르내리며 안정적인 흐름을 보여주었다.

시장은 오를 수도 있고 내릴 수도 있다. 그 자체로는 자연스러운 일이다. 그러나 사람의 마음은 숫자 앞에서 늘 멈칫한다. 2,000이라는 숫자는 성공이 아니라 전환의 상징이었다. 그리고 그 상징은 시장만이 아니라 국가 전체의 흐름을 바꾸는 사건이었다.

2007년 한국 증시가 마침내 돌파한 코스피 2,000이라는 숫자는

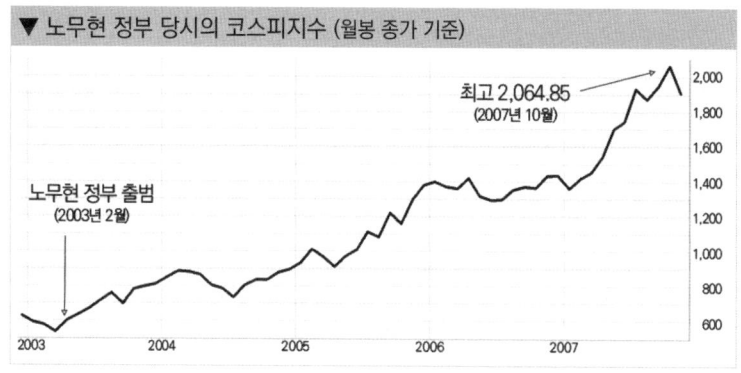
▼ 노무현 정부 당시의 코스피지수 (월봉 종가 기준)

단지 지표가 아니었다. 그건 오랜 시간 동안 시장과 투자자 모두가 넘지 못했던 심리적 벽이었다.

　노무현 대통령 취임 초기였던 2003년 2월의 코스피지수는 600포인트도 안 됐다. 그러던 것이 2007년 11월에는 2,085.45(장중가)를 기록하며 세 배가 넘는 상승을 기록했다. 단기간의 광풍이 아니라 차근차근 쌓아 올린 구조의 결과였다.

　그 상승은 숫자로만 설명되지 않는다. 정치와 외교의 조합, 제도와 국제신뢰의 진척, 그 복합적인 흐름이 투자자 심리에 "괜찮다"라는 신호를 반복해서 보냈다. 그래서 '코스피 2,000 시대'는 단순한 버블이 아니라 펀더멘털에 기초한, 단단한 구조를 가진 제대로 된 파동이었다.

삼성전자와
현대차의 시대

시장은 언제나 앞으로 나아가는 무언가를 찾아 움직인다. 그리고 그 움직임은 늘 하나의 주도주로 응축된다.

2000년대 중반, 한국 시장의 주도주는 분명했다. 삼성전자와 현대자동차. 이들은 단지 잘 나가는 종목이 아니었다. 그들은 그 시대 한국을 대표하는 경제적 상징이자 구조의 정수였다.

왜 삼성전자였는가

삼성전자는 2004년 이후 전 세계 D램 시장 점유율 1위를 유지했고 플래시 메모리, 디스플레이, 모바일 AP 등 전자산업 전 분야에서 추격자가 아닌 선도자로 자리매김했다. 삼성전자의 주가는 3년 만에 세 배 이상 오르며 기량을 과시했다. 그들의 제품은 세계 어디서나 팔렸고, 매출의 절반 이상이 한국이 아닌 미국, 유럽, 중국에서 나왔다.

외국인 투자자들에게 삼성전자는 한국 기업이라기보다는 '개발도상국에 본사를 둔 글로벌 메가 기업'이었다. 그들은 한국 전체를

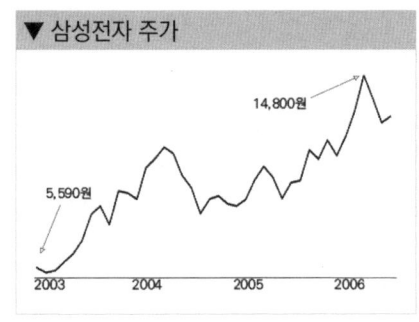

보기보다 삼성전자의 실적, 기술, 리스크만을 평가했고 그 평가의 결과로 거대한 자금이 조용히 삼성에 쏠렸다.

그래서 삼성전자 주가는 테마주처럼 튀지 않고 기압이 누적되듯 천천히, 그리고 견고하게 올라갔다. 차트는 직선이 아니라 나선형 곡선이었다. 가끔 쉬고, 눌리고, 조정됐지만 전체의 흐름은 위를 향하고 있었다.

왜 현대차였는가

현대차는 또 다른 축이었다. 미국 앨라배마에 공장을 세우고 북미 시장 점유율을 본격적으로 끌어올렸다. 이제 현대차는 '싸고 괜찮은 차'가 아니라 '믿을 수 있는 브랜드'가 되었다. 미국 시장조사 기업 JD파워가 실시한 품질 조사에서 도요타를 넘는 순간, 세계는 현대차를 다시 봤다. 단순히 한국이 만든 차가 아니라 글로벌 경쟁에서 당

당하게 이긴 차. 현대차의 주가는 3년 만에 세 배 넘게 상승하며 달라진 위상을 실감케 했다.

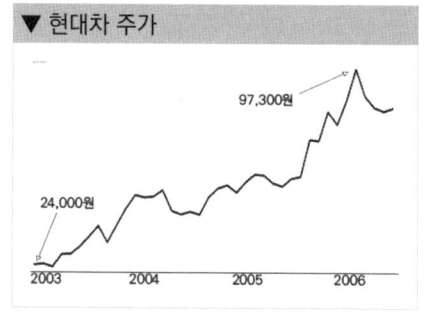

자동차는 국가 경쟁력을 상징하는 산업이다. 부품, 기계, 전자, 금융, 물류, 디자인, 브랜드…. 모든 산업을 집약한 복합체. 그 산업의 대표 기업이 시장의 주도주가 되었다는 건 한국이라는 시스템 전체가 일정한 수준에 도달했다는 뜻이었다.

누가 주도주를 만들었는가

두 기업을 이끈 사람들, 이건희 회장과 정몽구 회장. 이건희는 삼성그룹 창업주 이병철의 아들이었고, 정몽구는 현대그룹 창업주 정주영의 아들이었다. 그들은 한국 경제를 만든 '신화의 1세대'에게 경영권을 넘겨받은 재벌 2세대였다. 1세대가 회사를 만들었다면, 2세대는 '살아남을 수 있게' 만들었다.

이건희는 1993년 프랑크푸르트에서 "마누라와 자식 빼고 다 바꾸라"는 말로 삼성그룹 전반을 글로벌 제조혁신체계로 전환했고, 그 전략은 10년 후 삼성전자를 세계 1위 전자기업으로 만들었다. 정몽구는 저가 자동차 브랜드라는 굴레를 벗기 위해 품질, 안전, 해외공장, 고급화 전략을 차례로 실행했고 그 결과 현대차는 북미 소비자 조사에서 도요타를 제친 브랜드가 되었다.

이들은 평범한 경영자가 아니라 한국 재벌 체제가 보여줄 수 있었던 가장 이상적인 진화 모델이었다. 한국 재벌의 지배구조는 폐쇄적이었지만 경쟁력은 세계 표준에 맞았고, 결국 실력이 자본을 움직인다는 현실을 시장도 인정했다. 그래서 이 두 기업이 주도주가 된 것은 단순한 실적의 결과라기보다 재벌 2세대의 전략과 한국 자본시장의 화해로 볼 수 있었다.

주도주는 흐름의 언어다. 주도주는 늘 그 나라가 어디로 가고 있는지를 보여주는 거울이다. 사람들은 말했다. "삼성전자는 너무 올랐고, 현대차는 변동성이 크다"라고. 그러나 시장은 다르게 움직였다. 그런 말이 나올 때마다 삼성전자는 매번 다시 올랐고, 현대차는 뒤로 물러나도 다시 앞으로 나아갔다. 왜냐면 이건 가격이 아니라 방향의 문제였기 때문이다.

1차 파동의 주도주가 '상상'이었다면 2차 파동의 주도주는 '구조'였다. 상상은 불꽃이었다. 크게 타오르고 빨리 꺼졌다. 그러나 구조는 불씨였다. 천천히 타고 오래 남는다. 그리고 이 시기, 시장 위에 남은 건 상상이 아닌 진짜 불씨였다.

건설·철강·금융으로의
순환매

시장에는 언제나 중심이 있다. 그러나 그 중심이 늘 한 자리에 머물진 않는다. 주도주는 시대를 말하고, 순환매는 그 시대의 균형을 맞춘다.

자금은 쉼 없이 회전한다. 시장은 단일한 물줄기가 아니다. 여러 갈래로 나뉘었다가 다시 모이는 강의 구조와도 같다. 한쪽에서 수익이 나면 그 수익은 곧 다른 곳으로 옮겨간다. 자금은 항상 덜 오른 곳, 아직 주목받지 않은 곳, 혹은 다음 차례를 기다리는 곳을 향해 움직이기 때문이다.

2000년대 중반 삼성전자와 현대차가 시장의 방점을 찍던 시기, 그 불씨가 다른 산업에도 조용히 옮겨붙기 시작했다. 그것이 바로 건설, 철강, 금융이었다. 삼성전자와 현대차가 높은 자리에 오르자 자금은 그 그림자 속에 있는 다른 업종으로 자연스럽게 분산되었다.

흐름은 건설주로, 그리고 다시 철강주로

먼저 건설주였다. 2005년부터 시작된 부동산 활황은 서울 강남 재건축, 지방 대단지 개발, 민간택지 공급 확대 등으로 건설사들의 수주잔고를 채워주었고, 이는 실적 개선과 함께 건설업 전반의 리레이팅(재평가)으로 이어졌다.

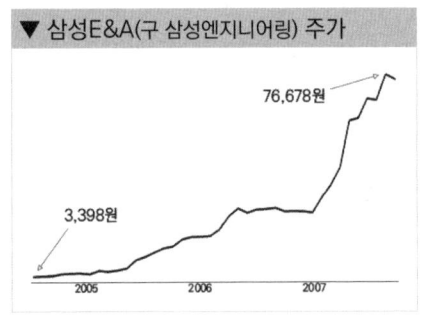
▼ 삼성E&A(구 삼성엔지니어링) 주가

삼성물산, 현대건설, 대우건설…. 이들 기업의 주가는 공사 하나를 따낼 때마다 한 계단씩 올라갔고, 시장 뉴스에선 '수주 모멘텀'이라는 말이 유행했다.

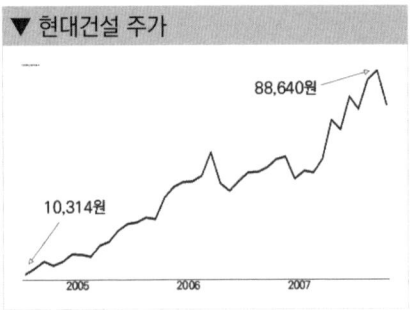
▼ 현대건설 주가

건설이 불을 지피자 곧 이어 철강주가 움직였다. 포스코, 현대제철, 동국제강…. 이들 기업은 건설과 조선, 기계에 원자재를 공급하는 기초 산업의 핵심이었다.

특히 철강주는 이 시기에

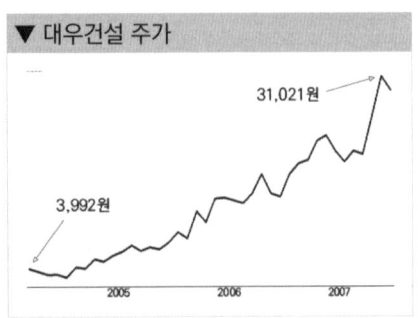
▼ 대우건설 주가

놀라운 외부의 신호를 하나 받게 된다. 2005년, 워런 버핏이 포스코 주식을 매입했다. 그는 CNBC와의 인터뷰에서 "포스코는 세계 최고의 철강회사 중 하나이며, 투명하고 견고한 재무구조를 갖추고 있다"고 말했다. 그리고 자신이 직접 한국 증시에 투자한 이유는 "그들의 비즈니스는 내가 이해할 수 있고, 신뢰할 수 있는 숫자를 보여줬기 때문"이라고 했다.

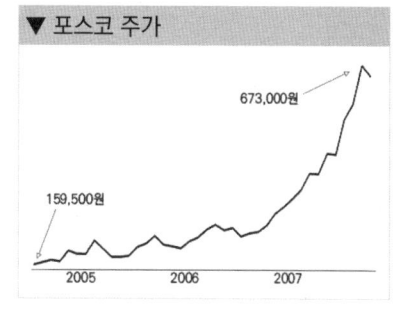
▼ 포스코 주가

이 발언은 시장 전체를 뒤흔들었다. 세계 최고의 가치투자자가 한국의 철강기업을 선택했다는 사실은 단순한 주가 상승 재료를 넘어서 한국 산업 전반에 대한 국제적 신뢰의 표시였다. 포스코는 순식간에 한국 철강주가 아니라 '세계 철강의 교과서'로 재평가되었고, 동종업계 주가도 함께 들썩였다.

외국인 자금은 구조적 근거가 있을 때 더 깊이 들어온다. 워런 버핏의 투자는 그 구조가 한국에도 가능하다는 첫 신호였다.

늦게 오르지만 가장 무거운 금융주

그 뒤를 이은 건 금융주였다. 은행주는 가장 늦게 반응하지만, 가장 무겁게 움직이는 종목이다. 왜냐면 그들의 실적은 다른 산업의 성장 위에서만 확장되기 때문이다. 신한지주, 우리금융지주 등의 금융주는 부동산 대출 확대, 소비심리 회복, 기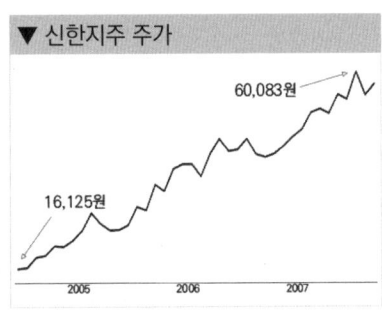
업 자금 수요 증가에 힘입어 이자수익을 늘려갔고, 배당과 안정성이라는 키워드로 보수적인 자금까지 시장으로 끌어들였다.

순환매는 파동의 호흡이다. 이 모든 흐름은 단순한 업종 교체가 아니라 파동이 쉬는 법, 파동이 숨을 고르는 방식이었다. 시장엔 주기적으로 집중과 분산이 반복된다. 하나의 산업이 모든 관심을 받는 동안 다른 산업은 조용히 저점을 만들고, 그 후에 또 다른 파동의 시작점이 된다.

삼성전자와 현대차가 길고 강한 파동의 선두였다면 건설·철강·금융은 그 파동이 이어지도록 중간에서 에너지를 순환시켜준 부차적 물결이었다. 이 순환 없이 시장은 결코 오래 가지 못한다. 파동은 중심이 있어야 하지만, 지속되기 위해선 회전이 필요하다. 마치 심장이 수축과 이완을 반복하듯, 시장은 주도와 순환을 반복하며 생명력을 이어간다.

그리고 이 시기의 순환매는 단기적 유행이 아니라, 한국 산업구조 안에서 탄탄하게 뿌리내린 흐름이었다.

한국 증시가 얻은
'신뢰 프리미엄'

시장은 늘 묻는다.

"이 자산을 믿을 수 있는가?"

답은 숫자가 주기도 하고, 정치가 주기도 하며, 시간이 만들어주기도 한다. 2000년대 중반의 한국 증시는 그 질문에 처음으로 "그렇다"는 대답을 하기 시작했다.

그것은 단순한 상승장의 결과가 아니었다. 코스피 2,000이라는 숫자, 삼성전자와 현대차의 리더십, 외국인의 본격 유입, 워런 버핏의 포스코 투자, 한미 FTA와 남북정상회담이라는 상반된 외교 이벤트까지 이 모든 흐름은 한 단어로 요약될 수 있었다. 바로 '신뢰'다.

신뢰는 프리미엄을 만든다. 주가는 수익을 따라 움직이지만, 프리미엄은 신뢰를 따라 움직인다. 어떤 회사의 PER(주가수익비율)이 10배고 동일업종의 다른 회사 PER이 20배라면 그 차이는 미래 성장률 때문이 아니라 그 회사에 대한 신뢰의 차이일 때가 많다.

시장도 마찬가지다. 한국 시장은 오랜 시간 동안 '높은 성장률에도 불구하고 저평가된 시장'이었다. 리스크가 많았고, 지배구조는 폐쇄적이었으며, 정치는 예측할 수 없었다.

그러나 2003년 이후 그 구조가 서서히 바뀌기 시작했다. 외국인 자본이 장기적으로 머무를 수 있는 환경, 실적 중심의 주도주, 회전하는 자금과 균형 있는 업종 재편, 그리고 무엇보다도 정치가 경제를 방해하지 않고 시장과 협력했다. 그 결과 한국 시장은 단순한 저평가주의 집합체가 아니라 신뢰받을 수 있는 투자처로 재정의되었다.

'신뢰 프리미엄'이란 무엇인가? 신뢰 프리미엄은 단지 가격이 더 높게 형성된다는 뜻이 아니다. 그건 자본이 먼저 들어오고, 덜 흔들리고, 더 오래 머문다는 뜻이다.

누군가는 당시의 한국 시장을 '그저 운이 좋았던 상승장'이라 말한다. 그러나 고수는 안다. 그 운은 만들어진 것이고, 그 상승은 구조에서 나왔다는 것을. 그래서 우리는 말할 수 있다. 이 시기 한국 증시가 얻은 프리미엄은 거품이 아니라 신뢰의 결과였다고. 그리고 그것이야말로 두 번째 파동이 진짜 파동으로 기록되는 이유다.

세계 증시가 멈추자
2차 파동도 끝났다

2차 파동은 단단한 펀더멘털 위에서 만들어진 구조적 파동이었기 때문에 더 오래 지속될 수도 있었다. 하지만 외부로부터 온 충격이 너무나 컸다. 아니, 충격이라기보다는 거의 공포였다.

2008년 9월 15일, 전 세계가 TV 화면을 통해 한 남자의 얼굴을 지켜봤다. 검은 양복, 침착한 표정, 그리고 손에 든 박스. 그는 뉴욕 맨해튼에 위치한 리먼브라더스 본사에서 자신의 짐을 정리하고 있었다. 그 장면은 하나의 상징이었다. 125년 역사의 투자은행 리먼브라더스가 파산한 것이다.

그것은 단지 한 금융회사의 몰락이 아니라 '신뢰'를 기반으로 돌아가던 세계 금융시스템의 붕괴를 상징하는 사건이었다. 시장은 멈췄다. 아니, 정확히 말하면 거래는 진행됐지만 아무도 움직이지 않았다. 사람들은 그날 이후의 자본주의가 여전히 가능할지를 의심하기 시작했다. 이 위기는 전혀 다른 종류의 공포였다.

이전에도 우리는 위기를 겪었다. 1997년의 IMF 사태. 그것은 한국과 몇몇 동아시아 국가에 국한된 지역적 파열이었다. 외환보유고가 바닥났고 정부가 통화 가치를 지킬 수 없었으며 기업들이 연쇄부도를 맞았지만, 그 본질은 '내부 체력의 한계'였다. 미국과 일본과 유럽은 멀쩡했고, 우리는 그들의 손을 빌려 다시 일어설 수 있었다.

2000년의 닷컴버블 붕괴. 이 역시 한국 시장 전체의 조정이었지만 새롬기술이나 다음커뮤니케이션 등 몇몇 기업의 거품이 꺼진 국지적 사건이었다. 어쨌든 IT라는 산업은 남았고, 인터넷은 더 진화했으며, 회복이 가능하다는 믿음이 있었다.

하지만 2008년의 리먼브라더스 사태는 달랐다. 그것은 세계에서 가장 강력하다고 믿어 의심치 않았던 미국 금융시스템의 중심부가 무너지는 사건이었다. 그곳은 달러의 발행처이고, 전 세계 은행 간 결제의 허브이며, IMF를 움직이고, 세계 각국의 중앙은행이 눈치를

▼ 리먼브라더스 파산 당시

(출처 : 국제신문DB)

보는 곳이었다. 그런 미국이, 이번엔 자기 자신도 구조하지 못하는 사태에 직면한 것이다.

자본주의 체제 자체에 대한 의심

그때 시장은 처음으로 "누가 우리를 구해줄 수 있지?"라는 질문을 던졌고, 누구도 대답하지 못했다. 절대 무너지지 않을 줄 알았던 신뢰의 구조가 무너졌으니 당연했다.

리먼브라더스 파산 이후 미국 내 은행들은 서로 대출을 중단했고, 기업어음 시장은 순식간에 얼어붙었으며, 모기지론(주택담보대출)에 기반한 자산유동화증권은 무용지물로 전락했다. 미국의 소비자들은 신용카드를 꺼내는 대신 현금을 꺼냈다. 은행 계좌를 의심했고, 보험사의 지급 능력을 걱정했으며, 월스트리트는 전쟁터가 아닌 유령 도시처럼 변했다. 뉴욕 증시는 단 한 달 동안 30% 이상 급락했고, 지금까지 단 하루도 쉬지 않았던 달러의 유동성 파이프라인이 막히기 시작했다.

당연히, 한국 시장도 순식간에 반응했다. 코스피는 2007년의 고점 2,085포인트에서 2008년 10월에는 892.16포인트(장중가)라는 최저점을 기록하며 900포인트마저 무너졌다. 그러나 단순히 지수가 하락한 게 아니었다. 사람들의 감정이 붕괴했다. 아무도 사려 하지

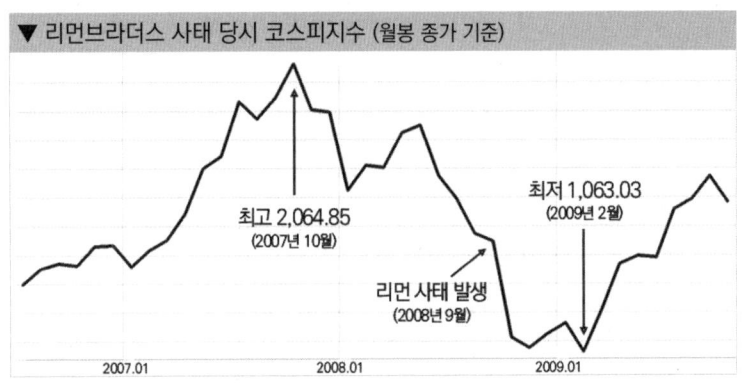

▼ 리먼브라더스 사태 당시 코스피지수 (월봉 종가 기준)

최고 2,064.85
(2007년 10월)

최저 1,063.03
(2009년 2월)

리먼 사태 발생
(2008년 9월)

않았고, 아무도 팔 수 없었으며, 모두가 멈춰 있었다.

　세계 전체가 침묵한 날이지만, 한국 증시 위기의 본질은 '한국의 경제가 나쁘다'가 아니었다. '철강 가격이 떨어졌다'도 아니었고, '수출이 줄었다'도 아니었다. 세계 전체가 한꺼번에 멈춰 선 게 문제였다. 아무도 이 위기를 피해갈 수는 없었다. 어느 한 나라의 문제가 아니었기에 "시간이 지나면 회복되겠지"라는 희망조차 쉽게 가질 수 없었다.

　신용이 깨졌고, 통화는 얼어붙었으며, 자본은 숨을 멈췄다. 그래서 2008년의 공포는 IMF 사태나 닷컴버블보다도 훨씬 깊고, 훨씬 넓고, 훨씬 오래 남았다.

2차 파동을 돌아보며

- 한국 시장은 언제부터 외국 자본의 신뢰를 얻기 시작했는가?
  제도 개혁, 외국인 자본 유입, 주도주 전환, FTA 등 다양한 요소 중 어떤 순간이 가장 결정적 전환점이었을까?

- 삼성전자와 현대차는 단지 종목인가, 아니면 국가인가?
  이 종목들이 왜 그렇게 많은 자금을 끌어모았으며, 그 이면에 있는 국가적 상징성은 무엇일까?

- 워런 버핏이 포스코에 투자했다는 것은 무슨 의미일까?
  단순한 종목 선택일까, 아니면 한국 시장에 대한 전반적인 판단일까?

- 주도주가 바뀌면 우리는 어떤 시그널을 봐야 할까?
  주도주 교체의 징후는 언제 나타날까? 그것을 실제로 경험한 적이 있는가?

- 순환매는 투자자에게 기회인가, 혼란인가?
  건설, 철강, 금융으로 이어진 순환매 흐름에서 기회 포착과 타이밍의 중요성을 느낀 적이 있는가?

- 신뢰 프리미엄은 어떻게 만들어지는가?
  외국인의 시선, 정부의 역할, 기업의 실적 등 시장의 '평판'을 만드는 요소에는 무엇이 있을까?

- 당신은 지금 무엇을 신뢰하며 투자하고 있는가?
  지금 내가 투자하고 있는 자산은 어떤 종류의 '신뢰'를 기반으로 하고 있는가? 그 신뢰는 지속 가능한가?

THE FIFTH WAVE OF

3차 파동

리먼브라더스와
V자 반등의 전설

THE STOCK MARKET

이명박 정부,
정책과 증권사가
시장을 주도하다

모든 파동엔 곡선이 있다. 상승에도 곡선이 있고, 회복에도 곡선이 있다. 그 곡선이 가장 짧고 날카로웠던 때, 우리는 그걸 'V자 반등'이라 불렀다. 누구도 기대하지 않았던, 그러나 가장 완벽했던 곡선이 2008년과 2009년에 만들어졌다.

공포 속에서도
누군가는 사기 시작했다

　폭락장은 모든 걸 앗아가는 듯 보이지만, 사실은 시장이 다시 태어나는 순간이기도 하다. 리먼브라더스 사태도 그랬다. 그 깊고 어두운 공포 속에서 조용히 세 번째 파동이 시작되었다.

　2008년 10월, 코스피지수는 900포인트마저 붕괴됐다. 사람들은 매일같이 "내일은 더 떨어질 것"이라고 믿었다. 어제보다 나은 내일을 믿는 게 시장의 속성인데, 그 시기에는 어제보다 덜 망가진 내일을 바라는 시장이 되었다.

　증권사 지점은 텅 비었고, 뉴스는 하루 종일 미국 증시 폭락 그래프와 환율이 치솟는 표만 내보냈다. "지금 사도 되나요?"라는 말은 사라지고 "달러가 1,000원대 후반을 뚫었다는데 외화예금 들어야 하나요?"만 들렸다.

　2008년 10월에 원-달러 환율은 1,500원을 돌파했다. IMF 사태 직후 이후 최악의 원화가치 하락이었다. 수입원자재 가격이 폭등하자 기업들은 실적 전망을 제대로 내놓지 못했고, 해외 투자자들은 원화 자산을 팔아치우며 달러를 쓸어담았다. 하지만 이 급등하는 환율 속에서 소수의 고수들은 반대로 생각했다.

"원화가 이렇게 떨어졌다는 건, 달러로 사는 입장에서는 한국 주식이 역사상 가장 싸졌다는 뜻이다."

특히 수출기업 입장에서는 같은 제품을 팔아도 환차익까지 덤으로 얻게 되는 구조가 생겼다. 수출 비중이 높은 기업, 달러 수입에 직접 연결되는 기업들은 순식간에 전 세계에서 가장 싸고 매력적인 자산이 되었다.

실제로 이 시기에 삼성전자의 PER은 4.7배, 현대차는 3.9배까지 내려갔다. 포스코 역시 PER 5.1배 수준에서 거래되었다. 이들은 글로벌 금융위기 속에서도 흑자를 유지하거나 생산을 줄이지 않은 기업이었다. 그러나 시장은 공포에 휩싸여 있었고, 사람들은 실적이

(출처 : 서울외국환중개 www.smbs.biz)

아니라 심리로만 거래하고 있었다.

역사상 가장 싸게 살 기회

바로 이때 연기금과 일부 외국인 자본, 그리고 시장 사이클을 체득한 고수 개인투자자들이 움직였다. 그들은 차트도, 테마도 보지 않았다. 오직 구조와 숫자를 봤다. 그리고 그 숫자가 역사상 가장 싸게 주어진 구조적 기회임을 간파했다.

'누가 샀는가'는 '누가 믿었는가'를 보여주기도 한다. 대다수의 개인투자자들은 이미 시장을 떠나 있었다. 손절은 예외가 아니라 기본적인 생존 전략처럼 받아들여졌다. IMF의 트라우마가 되살아났고, 투자는 위험하다는 믿음이 강화되었다.

그러나 몇몇은 남았다. 그리고 그들은 환율이 급등한 이유, PER이 내려간 원인, 정부의 재정건전성과 기업의 영업이익 흐름을 조용히 복기하고 있었다. 누군가에게는 "이보다 싸게는 어렵다"는 확신이 처음으로 생겨난 기회였던 것이다.

시장은 공포를 견디는 자에게 보상한다. 공포의 장세에서는 누가 더 많이 아는지가 중요하지 않다. 누가 더 오래 살아남을 수 있느냐, 누가 공포에 굴복하지 않느냐가 전부다. 시장에 남아있던 자본은 '이기려는 자'가 아니라 '버티는 자'가 가져갔다.

그들은 떠들지 않았고, 뉴스를 공유하지 않았고, 시장에선 거의 보이지 않는 손이었다. 그러나 나중에 반등이 시작됐을 때 그들은 이미 흐름에 올라타 있었고, 파동의 달콤한 첫 번째 수익을 가져갈 수 있었다.

900에서 2,000으로,
전설적 반등의 시작

2008년 10월, 코스피지수는 892.16포인트(장중가)까지 떨어졌다. 시장엔 공포와 침묵만이 남아있었다. 그러나 불과 2년 후인 2010년 12월 코스피지수는 2,000선을 회복했다.

900에서 2,000으로.

단기간에 두 배를 넘는 반등이었고, 이는 역사상 가장 빠른 회복 중 하나였다. 그러나 정작 시장 안의 사람들은 이 반등을 믿지 않았다. 너무 빨랐고, 너무 비현실적이었다. 아니, 이 반등은 빠르다는 말로는 부족했다. 2000년대 초중반 실적장이 천천히 벽돌을 쌓아 올린 건축 같았다면 이번 반등은 폭우 뒤에 휩쓸리는 강물 같았다.

사람들은 아직 리먼브라더스의 충격에서 벗어나지 못했는데 지수는 1,000에서 1,200으로, 다시 1,500으로…. 고통은 그대로인데 숫자만 앞질러 올라갔으니 실감할 수 없었다. 뉴스는 실업자 수와 구조조정을 다뤘고, 기업은 비용 절감과 인력 감축에 집중했지만 주가는 그 현실과 따로 움직이고 있었다.

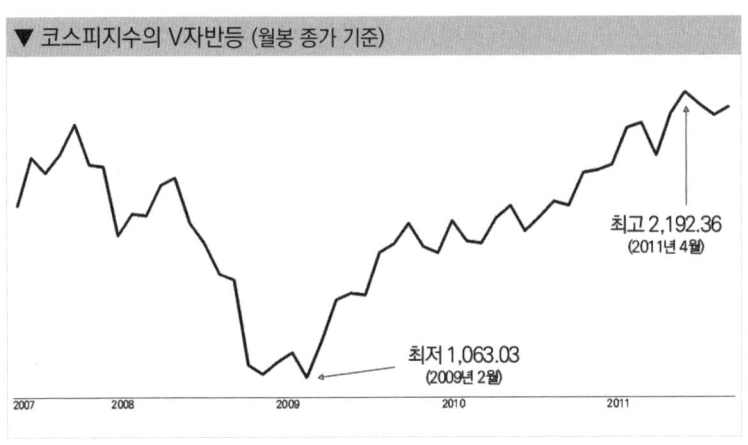

그래서 시장은 분열되었다. 지수는 회복했지만 심리는 여전히 바닥이었다. 누군가는 "거짓 반등"이라 불렀고, 누군가는 "데드 캣 바운스(고양이가 바닥에 떨어져 죽어도 한 번은 튕겨 오르듯 죽은 시장도 잠깐은 반등한다는 뜻)"라 불렀다.

모든 파동엔 곡선이 있다. 상승에도 곡선이 있고, 회복에도 곡선이 있다. 그 곡선이 가장 짧고 날카로웠던 때, 우리는 그걸 'V자 반등'이라 불렀다. 누구도 기대하지 않았던, 그러나 가장 완벽했던 곡선이 2008년과 2009년에 만들어졌다.

2008년 가을 코스피지수가 900포인트 아래로 무너졌을 때, 사람들은 2,000이라는 숫자를 다시 볼 수 있을 거라 믿지 않았다.

"최소 5년, 빠르면 3년, 회복은 멀었다."

모두가 그렇게 말했다. 그런데 시장은 코웃음을 치듯 2년 만에 다시 2,000포인트를 돌파했다.

이 반등은 단순한 기술적 상승이 아니라 구조에 대한 응답이었다. 거품이 아니었다. 유동성이 뿌려졌고, 기업 실적이 따라왔고, 수출이 회복됐고, 정책이 밀어붙였고, 시장이 구조적으로 반응한 결과였다. 그 안에 현대차와 기아차가 있었고, LG화학과 SK이노베이션이 있었다.

실적이 살아났고, 정책이 길을 냈고, 자금은 흐름을 탔고, 심리는 늦게 따라왔다. 모든 요소가 맞물려서 흘렀다. 완벽한 곡선이었지만, 누군가는 그 곡선을 타고 올라갔고 누군가는 그 곡선을 끝까지 의심했다. 그리고 시장은 기다려주지 않았다.

V자 반등의 3가지 동력

그렇다면 이 믿기 힘든 회복의 동력은 어디서 왔는가? 여기에는 세 가지 거대한 축이 있었다.

첫째는 글로벌 유동성의 폭발적 공급이다. 미국 연방준비위원회는 기준금리를 0.25%까지 낮추고 본격적인 양적완화(QE, 통화량의 대규모 공급) 정책을 실시했다. 전 세계에 달러가 홍수처럼 풀렸고 이 돈은 신흥시장으로 흘러들어가기 시작했다.

둘째는 한국의 빠른 실물 산업 회복력이다. 수출기업은 환율 수혜와 글로벌 공급망 안정으로 빠르게 실적을 회복했다. 삼성전자, 현대차, LG화학, 포스코 모두 2009년부터는 매출과 영업이익 반등에 성공했다. 특히 IT와 자동차, 조선, 철강 등 실물 산업의 버팀목 역할이 컸다.

셋째는 외국인 자금의 귀환이다. 2009년 한 해 동안 외국인 투자자들은 2008년에 팔아치운 것보다 더 많은 금액을 한국 증시에 다시 투자했다. 그들이 돌아온 건 성장률이 아니라 구조적 안정성과 회복 속도 때문이었다.

그렇다면 정작 한국 사람들은 왜 이 반등을 믿지 못했나? 사람들은 시장이 회복하는 것을 보면서도 "이건 진짜가 아닐 거야"라는 의심을 멈추지 못했다.

그도 그럴 것이 경기는 여전히 가라앉아 있었고, 기업들은 구조조정을 하고 있었으며, 실업률은 높았고, 뉴스는 매일 세계 경제 불안을 보도하고 있었다.

주가는 현실보다 먼저 회복했다. 그 속도는 시장을 따라가는 사람들에게는 너무 빠른 것이었다.

"조정이 한 번쯤은 올 거야."

"다시 1,000포인트 아래로 내려갈 거야."

"이건 투기일 뿐이야."

그런 말들이 다 틀린 건 아니었다. 하지만 틀린 타이밍에 한 말이었다. 시장은 이미 의심하는 자들을 뒤로 한 채 다음 파동으로 나아가고 있던 것이다. 반등은 언제나 불신 속에서 자란다.

누군가는 올라탔고, 누군가는 바라만 봤다

이 V자 반등은 그 힘보다도 '심리적 불일치' 때문에 역사에 남았다. 지수가 2,000을 돌파했지만 아무도 환호하지 않았고, 대부분은 "이미 올라버렸네"라는 허탈함만 남았다. V자 반등이 극적이었던 건 곡선의 가파름 때문이 아니라, 사람들의 반응이 그 곡선을 도저히 따라잡을 수 없었기 때문이다.

그러나 고수는 알았다. 파동은 공포에서 시작하고, 불신 속에서 자라고, 확신이 생길 때 이미 절반 이상 지나 있다. 파동이 끝난 후 어떤 사람은 인생이 바뀌었다. 그 시기에 말없이 담아간 사람도 있었고, 조금씩 사 모은 사람도 있었고, 눌릴 때마다 비중을 늘린 사람도 있었나. 3차 파농이 남긴 가장 큰 메시지는 이것이다.

"시장에선 두 번의 기회는 없다."

처음엔 너무 무서워서 못 산다. 두 번째엔 이미 너무 올라서 못 산다. 그리고 마지막엔 이 정도면 다시 떨어질 것 같아서 못 산다. 그렇게 사람들은 항상 파동의 진짜 앞자락을 놓친다.

파동은 늘 짧게 지나가지만, 그걸 타고 오른 사람은 인생의 곡선을 바꾼다. V자 반등은 그래서 단순한 숫자의 나열이 아니라 기회를 잡는 사람의 리듬을 상징하는 곡선이었다.

그리고 이런 V자 반등에서 나타난 새로운 플레이어가 있다.

증권사가 만든 주도주
"차화정이에요"

파동에는 늘 이름이 붙는다. 그리고 이름은 방향보다 오래 남는다. 2009년부터 2011년까지 한국 증시에는 '차화정'이라는 별명이 붙었다. 자동차, 화학, 정유. 세 글자가 하나의 종목처럼 묶였고, 투자자들은 그 이름만으로 방향을 정했다.

하지만 이번엔 시장이 이름을 붙인 게 아니었다. 증권사가 먼저 입을 열었고, 시장이 따라갔다.

왜 자동차, 화학, 정유였을까

자동차, 화학, 정유의 삼각편대가 꾸려진 데는 나름의 이유가 있다. 이 세 업종은 위기에서 가장 빨리 실적을 복구했다. 자동차는 회복기의 소비재, 화학은 대표적인 경기민감주, 정유는 유가 반등의 수혜주였다.

현대차와 기아차는 글로벌 금융위기 이후 미국과 유럽에서 판매량을 회복하며 일본차의 빈자리를 메웠고, 그 흐름은 2011년 동일본대지진을 계기로 폭발했다.

화학 업종은 유가가 오르면 단가가 오르고, 글로벌 공장이 돌아가면 물량이 늘어난다. LG화학과 롯데케미칼은 중국의 인프라 투자가 본격화되자 단숨에 이익 구조가 달라졌다.

정유는 항상 시장 한 켠에 존재했지만, 유가가 오르고 휘발유 수요가 살아나는 순간 정제 마진이 폭발하는 산업이다. SK이노베이션, S-OIL, GS칼텍스…. 이들은 실적을 통해 존재감을 드러냈다. 세 업종은 서로 다르지만 함께 움직일 수 있는 구조였다. 그리고 이 구조를 증권사들이 먼저 발견하고, 묶고, 이름 붙이고, 제안했다.

이 시기, 증권사가 시장의 이름을 짓기 시작했다는 것에 주목할 필요가 있다. 이전까지 증권사는 시장 뒤에서 해설하는 사람이었다. 리포트를 내고, 종목을 분석하고, 흐름을 정리하는 일. 그게 증권사의 역할이었다.

누가 왜 이름을 지을까

그러나 2008년 이후 증권사는 달라졌다. 리먼브라더스 사태 이후 수수료 수입은 줄었고, 브로커리지는 죽었고, 지점은 텅 비었다. 증권사는 이제 관찰자가 아닌 흐름을 만드는 사람이 되어야 했다. 그래서 이름을 지었다.

하나대투증권, 삼성증권, 대우증권, 우리투자증권 등 메이저 증권사들이 줄줄이 "차화정은 국가 대표 3인방"이라며 공격적인 마케팅을 걸었다. 리서치센터에서 키워드를 만들어 지점에 뿌렸고, 지점은 그걸 들고 개인투자자에게 설명했다. 그 순간부터 차화정은 업종이 아니라 '트렌드'가 되었다.

증권사는 왜 시장을 만들기 시작했을까? 시장에선 흔히 "증권사는 후행적이다"라고 말한다. 결과를 보며 분석하고, 오르고 나서야 추천한다는 뜻이다. 하지만 이 시기만큼은 달랐다. 증권사들이 살아남기 위해 먼저 흐름을 만들었다.

그건 구조적 배경 때문이었다. 리먼브라더스 사태 이후 고객 자산은 줄었고, 회전율은 떨어졌다. 시장 전체에 대한 '스토리'를 만들지 않으면 고객을 다시 데려올 수 없는 상황이었다.

차화정은 그런 질박한 순간에 증권사늘이 만든 새로운 언어였다. 그 언어에 실적이 붙었고, 자금이 따라붙었고, 결국 시장도 반응했다. 이처럼 때로 파동은 흐름이 아니라 이름 붙이기에서 시작되기도 한다.

게다가 차화정은 구조적으로 타당했다. 이것들이 주목받을 만하다고 붙인 이유들은 모두 거짓이 아니었다. 그러나 중요한 건 그 흐름을 먼저 묶어내고 이름 붙인 자가 있었다는 사실이다.

시장에는 정보가 많다. 하지만 '이름'을 갖는 것은 단 하나의 흐름뿐이다. 그 이름을 먼저 붙인 사람, 그걸 자신 있게 외친 사람, 그 이름을 믿고 따라간 사람. 그들이 이번 파동의 앞에 있었다.

국내에선 '한국형 뉴딜', 해외에선 '수출 드라이브'

주가는 먼저 움직였다. 코스피지수는 900포인트를 찍고 올라오더니 2010년엔 다시 2,000포인트를 넘겼다. 주식 시장만 보면 다 회복된 듯 보였다. 그러나 그 안을 들여다보면 아직 시장의 체온은 차가웠고, 사람들은 불안을 떨치지 못했다.

정부도 가만히 있지 않았다. 주가가 먼저 간 자리에 실물을 끌어올려 맞추는 작업, 그게 정부의 몫이었다. 그리고 정부는 그 해법을 오래된 곳에서 찾아왔다. 바로 미국 대통령 루즈벨트의 그림자 위에 만들어진 '한국형 뉴딜' 사업이었다.

SOC 산업에 집중하다

'뉴딜(New Deal)'이라는 말은 원래 미국에서 온 말이다. 1930년대 대공황으로 미국 경제가 무너졌을 때 루즈벨트 대통령은 정부가 앞장서서 도로를 만들고, 댐을 짓고, 철도를 놓으며 일자리를 만들어서 경제를 살렸다. 그게 바로 뉴딜이었다. 즉, "시장 스스로 회복하지 못할 땐 정부가 직접 경기를 밀어붙이겠다"는 선언이다.

2009년 한국의 이명박 대통령도 그 방식을 그대로 가져왔다. 이명박 정부는 '녹색성장', '4대강 사업', 'SOC 투자'라는 이름 아래 수십조 원 규모의 예산을 풀었는데 이는 루즈벨트와 똑같은 방향이었다. 토목, 건설, 전력, 수자원 등 전통적 인프라 산업에 숨을 불어넣고 거기서 일자리를 만들어내는 방식이었다.

표면상으로는 '녹색'이니 '친환경'이니 하는 말이 붙었지만 실제로는 굴착기가 움직이고, 강바닥을 파고, 다리를 놓고, 콘크리트를 부어야 돌아가는 산업들이 살아났다.

해외 원전과 정유시설 수주

국내에서 건설로 경기를 밀었다면, 국외에서는 수출로 살 길을 찾았다. 이 시기의 한국 정부는 기업 혼자 시장에 나서게 하지 않았다. 정부가 기업을 이끌고, 공기업과 총수들이 함께 해외에 나갔다.

그 방식이 상징적으로 드러난 사건이 있다. 2009년 12월 아랍에미리트(UAE) 바라카 원전 수주다. 한국은 프랑스의 아레바, 미국의 웨스팅하우스를 제치고 역사상 최초로 해외에 원전을 수출했다. 단순한 계약이 아니었다. 이명박 대통령이 직접 정상 간 외교 채널을 열고 산업부, 한국전력, 삼성물산, 현대건설이 공동 전선을 만들어 280억 달러 규모의 초대형 계약을 따낸 사건이었다. 이 수주 하나로 한국 기업은 해외 원전 건설의 기술 실적을 처음 확보했고, 국가는 '에너지 플랜트 수출국'이라는 새로운 정체성을 갖게 됐다.

게다가 이것이 예외적인 경우도 아니었다. 중동 플랜트, 동남아 발전소, 아프리카 정유시설 등 모든 해외 수주의 최전선에는 정부가 있었다.

정부 주도 정책의 부작용

한국형 뉴딜과 수출 드라이브의 효과는 분명했다. 2009년에서 2010년까지 한국의 GDP 성장률은 6%대를 회복했고, 수출은 위기 이전 수준을 넘어섰다. 한국은 그렇게 위기를 돌파했다.

코스피지수도 다시 2,000을 넘어섰다. 정부가 깔아놓은 판 위에서 기업이 뛰었고, 그 위로 자금이 몰려들었다. 시장, 실물, 자본이 모두 방향을 같이한 파동. 이만하면 교과서처럼 경제가 회복한 셈이었다.

하지만 대가는 있었다. 이 모든 것을 정부가 설계했다는 점 때문에 어쩔 수 없이 치러야 할 대가였다. 한국은 원래도 정부주도형 경제 구조였지만 이 시기 이후로는 더더욱 정부 없이는 못 움직이는 시장이 되어버렸다. 기업은 정부가 어디로 가는가만 봤고, 시장도 어떤 정책이 나올지에 따라 움직였다. 스스로 판단하고 움직이던 시장의 역량은 점점 약해지고 있었다.

만약 이러한 상황에서 정부의 강력한 리더십이 사라진다면 시장은 어떻게 될 것인가? 3차 파동의 마무리는 그 대답을 분명하게 보여주었다.

정통 보수의 귀환,
그러나 리더십은 사라졌다

2012년 겨울, 정통 보수 정권이 다시 돌아왔다. 문재인 후보의 거친 도전을 이겨내고 박근혜 후보가 승리했다.

박근혜가 누구인가. 한국의 경제 성장을 논할 때 빼놓을 수 없는 인물, 바로 그 박정희 대통령의 외동딸 아닌가. 이명박 역시 보수진영의 대통령이었지만 박근혜의 위상은 차원이 달랐다. 그야말로 보수의 정통성을 상징하는 인물이자, 과거 박정희 정권에 대한 향수를 떠올리게 만드는 인물이다.

이명박에서 박근혜로, 보수 정권이 연속으로 집권했다는 사실 자체만으로 시장은 안도했다. 정권 교체에 따른 혼란도 없었고, 기업 입장에서는 기존의 흐름이 바뀌지 않는 게 더 나았다. 시장도 마찬가지였다. 코스피는 박근혜 당선 직후 소폭 상승했다.

"이제 다시 올라가겠구나."

"적어도 정책이 뒤집어지지는 않겠지."

그때 시장에선 이런 말들이 돌았다. 하지만 그게 전부였다. 그 이상은 없었다. 대통령은 있었지만 방향성은 없었다.

말뿐인 정책, 어디에 투자해야 하나

이명박 정부는 최소한 분명한 메시지를 던졌다. '수출 중심, SOC 투자, 해외 수주' 등등. 좋든 나쁘든 시장은 그 언어를 기억했고 그 흐름에 따라 움직였다. 하지만 박근혜 정부에서는 그런 방향성이 잘 보이지 않았다. '창조경제'라는 말은 있었지만, 그게 실제로 어떤 산업에 어떻게 영향을 주는지는 아무도 설명하지 못했다.

대기업은 여전히 보수 정권을 반겼지만 어디에 어떻게 투자해야 할지는 몰랐다. 중소기업은 여전히 어렵다고 했고, 벤처기업은 방향을 못 잡았다. 그 사이에 외국인은 조용히 빠져나가기 시작했다. 시장에서는 점점 "이 정부는 경제에 관심이 없는 것 같다"는 말이 은근하게 퍼지기 시작했다.

시장은 정치의 그림자를 따라 움직인다. 특히 한국 시장은 정치와 절대 분리되지 않는다. 정치는 시장의 바람이고, 시장은 그 바람에 휘청거리는 갈대다. 바람이 강하면 갈대는 한 방향으로 휘어지고, 그게 파동이 된다.

하지만 박근혜 정부 시기엔 아예 바람이 불지 않았다. 고요하다 못해 아무런 추진력도 없던 시간. 대통령의 메시지는 추상적이었고,

경제부처는 제각각이었고, 시장엔 아무것도 전달되지 않았다. 대통령이 누구인지는 알겠는데 그가 무엇을 하려는지 시장은 도무지 알 수가 없었다.

자본이 조용히 빠지기 시작했다

보수가 돌아왔지만 보수다운 시장은 오지 않았다. 정책은 느리게 나왔고, 그마저도 종합적인 방향은 보이지 않았다. '창조경제혁신센터, 규제 완화, 서비스산업 육성' 같은 말은 있었지만 그 어떤 것도 실제로 시장을 움직이지는 못했다.

누가 주인공인지, 어떤 산업이 중심인지, 무슨 방향으로 가야 하는지 아무도 몰랐다. 그래서 자본은 조용히 뒤로 빠졌고 시장엔 관망만 남았다. 이명박 정부 때와 달리 이 시기엔 뭔가를 걸어볼 만한 섹터 자체가 존재하지 않았다.

시장에는 종종 이런 시기가 온다. 주가는 움직이는데 아무것도 시작되지 않은 느낌. 그래프는 오르락내리락하지만 그 어디에도 방향성이 없다. 박근혜 정부 시절의 주식 시장이 그랬다. 단기 급등은 있었지만 장기 파동은 없었다. 정부는 말을 했지만, 시장에는 아무것도 들리지 않았다.

이명박 정부엔 좋든 나쁘든 방향이 있었다. "수출을 키운다", "인프라를 깐다", "해외수주에 나선다" 등등. 적어도 시장에 분명한 길을 보여주었고, 자본은 그쪽으로 향했다. 하지만 박근혜 정부에는 '창조경제'라는 슬로건만 있었지 그게 어디로 가는지 알려주는 지도는 없었다. 정책은 파편적이었고, 산업별 메시지는 불분명했으며, 자본이 따라갈 구조는 보이지 않았다. 시장엔 신호가 없었고 투자자는 방향을 잃었다.

방향성 없는 시장에는
테마가 판 치고

　방향을 잃은 시장은 테마를 따라간다. 방향성이 없으면 사람들은 가까운 곳부터 찾기 때문이다. 뉴스에서 키워드가 하나 나오면 그걸 좇고, 정치인의 발언 하나에 특정 종목이 솟구치고, 무슨 사업을 한다는 풍문에 주가가 몇 배씩 뛴다. 이 시기엔 이런 단기 급등 테마가 한국 주식 시장의 대표 상품처럼 자리잡았다.

　물론 그 전에도 테마주는 있었다. 이명박 정부의 4대강 사업 추진 소식에 이화공영이 몇십 배 상승한 것처럼. 하지만 그때는 큰 자금이 움직이는 길이 따로 있었고, 테마는 그 옆에서 돋아나는 곁가지에 가까웠다. 박근혜 정부 때는 달랐다. 큰 흐름이 없었고, 그래서 모두가 테마만 쫓았다.

　테마주는 주식 시장에 구조가 보이지 않을 때 나타나는 대체물이다. 이 시기 등장한 테마주 역시 단기 장세의 일부가 아니라 거의 구조의 대체물 노릇을 했다. 당시의 모든 움직임은 "이 종목은 왜 오르는가?"보다 "지금 안 사면 내일 놓친다"는 심리가 만든 것이었다. 시장에 방향이 없다 보니 군중은 당장 눈에 보이는 움직임만 쫓았다.

파동은 '방향'이지만, 테마는 '방황'이다. 파동은 구조다. 산업이 움직이고, 정책이 받쳐주고, 자본이 따라가고, 시간이 쌓인다. 테마는 반대다. 이슈 하나에 올라타고, 재료 하나에 달려들고, 며칠 안에 매매의 시간이 끝난다. 그래서 테마주가 주도하는 시장은 '반응의 장세'다. 박근혜 정부 시기의 한국 주식 시장은 그 반응의 장세에 몰려 있었다. 이런 시기를 지나고 나면 시장에는 종목은 많이 남지만 파동은 아무것도 남지 않는다.

'바이오'만 들어가면 급등하던 시대

박근혜 정부 시기에 전체 시장은 조용했지만 몇몇 섹터는 유난히 요란했다. 특히 기억에 남는 두 가지는 바이오, 그리고 화장품이다.

시작은 2015년이었다. 누구든 "바이오"만 언급하면 주가가 폭등하던 시절이었다. 딱히 이유는 없었다. 적자 회사도, 매출이 없어도, 그럴듯한 신약 파이프라인 하나만 있으면 열 배, 스무 배는 예사로 올랐다. 셀트리온, 메디톡스, 에이치엘비, 차바이오텍, 코오롱생명과학 등 신생 바이오 기업이 대표적이었고 심지어는 한미약품처럼 전통적인 제약사까지 바이오 열풍에 올라탔다.

신규 상장주들은 더했다. IPO 공모가의 두세 배 급등은 기본이었고, "임상 성공 기대감"이란 말만 돌면 그다음 날은 무조건 상한가였다. 시장은 아무것도 묻지 않았다. 실적도, 제품도, 시장점유율도 중요하지 않았다. 오직 기대, 그리고 꿈. 그때는 그게 주가였다.

그리고 2016년 11월에 삼성바이오로직스가 상장했다. 그 전까지의 바이오 광풍은 어디까지나 중소형주들의 세상이었다. 하지만 삼성이 등장한 순간 이 판에 국가대표가 들어온 셈이었다. 시장에선 이런 말이 돌았다.

"삼성전자가 반도체로 세계를 먹었듯, 삼바(삼성바이오로직스)도 바이오 세계를 먹을 것이다."

"이제 바이오의 끝판왕이 왔다."

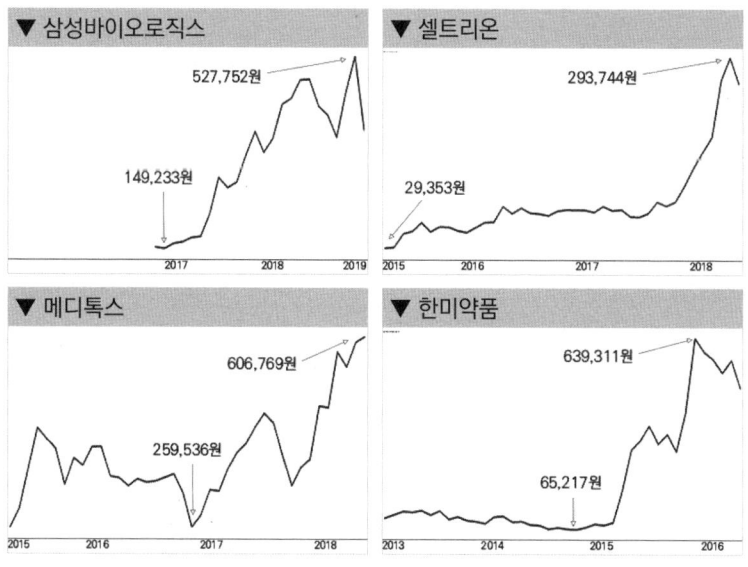

3차 파동_ 리먼브라더스와 V자 반등의 전설

상장 직후 주가는 빠르게 수직 상승했고 그 주위로 셀트리온, 한미약품, 메디톡스, 에이치엘비가 다시 한 번 불붙기 시작했다. 방향이 없는 시장에서 삼성이 하나의 방향이 되었다. 그 이름만으로도 정답처럼 여겨졌다.

하지만 문제는 그 모든 기대가 바이오 섹터 안에서만 돌았다는 것이다. 찻잔 속 태풍이었다. 전체 시장은 여전히 조용했고 코스피는 움직이지 않았다. 바이오만 흥청거렸을 뿐 나머지는 멈췄다.

한국 드라마 열풍과 화장품주

또 하나의 반짝 태풍, 화장품주 열풍은 중국으로부터 시작되었다. 2013년 말부터 중국 대륙은 한 편의 한국 드라마에 열광했다. 바로 「별에서 온 그대」. 외계인 도민준(김수현 분)과 톱스타 천송이(전지현 분)의 러브스토리는 그야말로 상상 이상의 파급력을 가져왔다.

중국에서는 '별그대 증후군'이라는 말까지 생겼다. 드라마에서 전지현이 입은 옷, 사용한 쿠션, 먹었던 치킨이 그대로 '대륙의 소비 리스트'가 되었다. 특히 화장품이 인기였다. 드라마 한 편이 중국 여성들의 뷰티 기준을 통째로 바꿔놓았다.

덕분에 「별에서 온 그대」가 방영된 2014년 1분기 이후 아모레퍼시픽 주가는 12만 원에서 40만 원까지 상승했다. 한국의 화장품 기업들은 중국 시장을 위한 브랜드 라인업을 따로 만들고 중국 현지 진출에 사활을 걸었다.

같은 시기, 중국의 방한 관광객 수는 계속해서 기록을 경신했다. 2013년 약 430만 명, 2014년 약 610만 명, 2015년 약 598만 명, 그리고 2016년엔 무려 807만 명….

폭발하는 중국 관광객 덕분에 면세점은 전쟁터였다. 중국인 관광객은 한국 면세점에서 화장품을 박스째로 쓸어 담았다. 면세점 매출의 절반 이상이 중국인 손에서 나왔다. 한국 면세점은 화장품 도매창고가 되었고, 중국 유통상은 한국에서 물건을 사서 타오바오 등에서 판매했다.

그리고 그 중심에 한국 화장품주가 있었다. 특히 아모레퍼시픽의 '설화수', '라네즈', '이니스프리' 등 다양한 라인업은 중국인들의 사

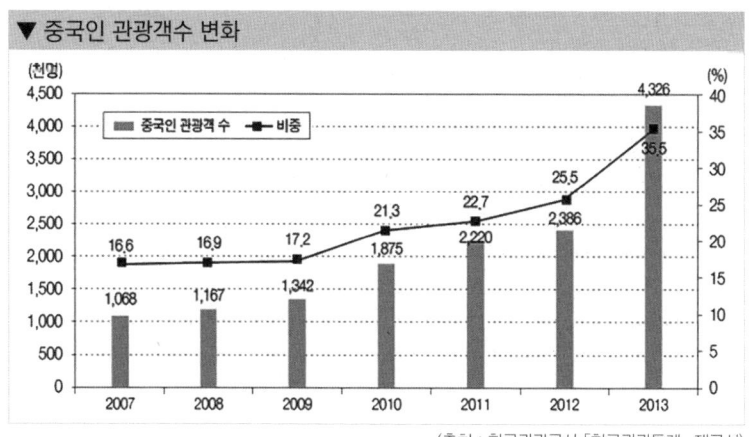

(출처 : 한국관광공사 「한국관광통계」 재구성)

랑을 받았다. 한국콜마는 그러한 브랜드들의 OEM(외주 생산 방식) 분야 강자였고, 코스맥스는 글로벌 ODM(제품 설계 및 개발을 포함한 외주 생산 방식)의 선두로서 몸값을 올렸다. 클리오, 토니모리, 에이블씨엔씨 등의 소형 브랜드는 중국의 젊

은 층 공략에 성공했다. '한류 = 화장품 = 돈'이라는 공식이 시장 전체에 퍼졌다.

수출도 폭발했다. 2014년 한국의 화장품 수출액은 19억 달러. 이후 매년 20~40%씩 증가했고, 2016년엔 41억 달러까지 치솟았다. 그중 대(對) 중국 수출의 비중은 절반을 넘었고, 홍콩과 마카오를 포함하면 70%에 육박했다. 시장에선 "이건 진짜다", "화장품은 제2의 반도체다"라는 말까지 돌았다.

사드로부터 온 보복

그리고 사드 문제가 터졌다. 2016년 하반기, 한반도에 미국의 사드(THAAD, 고고도미사일방어체계) 배치가 결정되었다. 중국은 격렬히 반발

했고, 중국 내 한류 콘텐츠 금지령(한한령, 限韓令)을 내렸다. 관광 제한은 물론이고 한국 기업 제품의 보이콧이 시작됐다.

면세점에서는 순식간에 중국 손님이 사라졌고 화장품주는 실적 하락, 수출 급감, 이미지 타격의 삼중고를 맞았다. '별에서 온 그대'로 올라간 주가가 '사드로부터 온 보복'으로 무너진 셈이었다.

이명박 정부가 강한 리더십으로 만들어낸 파동은 박근혜 정부에 와서 무너졌다. 어찌 보면 당연한 일이다. 시장이 스스로 나아가며 만들어낸 게 아니라 정부가 억지로 이끌어가며 만들어낸 파동이기에 이끄는 힘이 사라지면 파동도 사라지는 것이다.

그래서 시장은 언제나 정책의 영향을 받는다. 흔히 사람들은 시장 경제에 가장 좋은 것은 '보이지 않는 손'이라고 생각하지만, 그 손이 과연 어디에서 뻗어 나오는지는 다시 한 번 생각해봐야 한다.

3차 파동을 돌아보며

- 시장은 정말 위기에서 먼저 회복하는가?
  리먼브라더스 사태 때 주가는 1년 반 만에 회복했지만 실물은 한참 늦었다. 시장이 이렇게 먼저 반응하는 이유는 뭘까?
  반대로 생각하면, 주가의 회복은 착시였던 걸까?

- 이름 붙이기는 어떤 의미를 가질까?
  '차화정'이라는 이름이 시장을 움직였다면 이건 시장의 움직임인가, 마케팅의 결과인가?
  자동차, 화학, 정유를 묶은 건 실적 때문일까, 단지 연출이었을까?

- 이전에는 없던 '증권사 주도 장세'가 왜 이때 처음 등장했을까?

- 정부의 해외 수주 참여는 우리 경제에 득인가, 독인가?
  이명박 정부가 기업을 데리고 직접 계약을 따낸 건 성공적이었지만, 시장이 자율적으로 움직이지 못하게 만든 측면도 있다. 경제는 국가가 끌고 가야 하는 걸까? 아니면 자생적으로 커야 진짜 실력일까?

- 심리의 문제를 어떻게 극복할 것인가?
  주가가 빠질 땐 무서워서 못 사고, 오르면 "이젠 늦었다"고 후회했던 경험이 있는가?
  "믿을 수 없어서 못 샀다"는 말은 심리의 문제일까, 전략의 부재일까?

- 나라면 'V자 반등'에서 언제 들어갔을까?

- 바이오와 화장품 분야의 단발성 급등은 왜 파동으로 이어지지 못했을까?
  이들 기업은 실적까지 뒷받침되었는데도 전체 시장을 이끌지 못한 이유가 무엇일까?
  지금도 반복되는 단발성 급등 테마는 어떤 것이 있을까?

- '창조경제'는 왜 시장에서 외면당했을까?
  정부가 정책을 발표했는데도 왜 투자자들은 반응하지 않았을까?
  시장이 진짜 반응하는 정책에는 어떤 조건이 필요할까?

- 테마주 장세와 파동은 어떻게 다를까?
  테마주 장세가 본격화된 계기가 이 시기였다면, 테마주 장세와 파동의 가장 큰 차이는 무엇일까?
  단타매매는 있었지만 왜 투자의 큰 흐름은 없었을까?

- 파동을 만드는 힘은 무엇일까?
  파동은 방향이 아니라 질서다. 그렇다면 파동을 만드는 힘은 기업의 실적일까, 정부의 정책일까, 아니면 시장의 신뢰일까?
  과연 지금 우리 시장에는 그런 질서가 있다고 느껴지는가?

THE FIFTH WAVE OF

4차 파동

팬데믹과 코스피 3,000의 시대

THE STOCK MARKET

문재인 정부,
유동성 쓰나미가 가져온
시장의 변화

두려움은 언제나 '정체불명'에서 시작된다. 감염병 공포의 본질은 질병 자체가 아니라 예측불가함이었다. 그 병이 뭔지, 어떻게 옮는지, 언제 끝날지를 아무도 설명해주지 못할 때 공포는 걷잡을 수 없이 커진다. 그런데 시장이라는 존재는 절망이 끝나면 다시 움직인다. 그 절망의 자리에 엄청난 유동성이 뿌려지기 시작했고, 그때부터 다음 파동의 싹이 자라기 시작했다.

박근혜 탄핵은
계기가 아니라 결과였다

시장은 숫자로 움직이지만, 심리는 신뢰로 움직인다. 주가는 계산으로 오르지만, 파동은 믿음 위에 올라탄다.

박근혜 정부 시기에 시장은 조용했는데, 그 이유는 당시의 시장을 믿는 사람이 없었기 때문이다. 이 시기에는 정부가 무슨 계획을 내놔도 시장은 조용했다. 경제혁신 3개년 계획, 서비스산업 육성, 벤처·창조경제 지원…. 모든 게 있었지만 시장은 '진짜 의지'를 보지 못했다. 경제부총리가 바뀌었어도 '창조경제'는 여전히 실체가 없었으며, 산업정책은 종이 위에만 남았다.

신뢰는 무너지는 게 아니라 실망을 거듭하며 조용히 빠져나가는 것이다. 정책은 번복됐고, 리더십은 보이지 않았다. 시장 참가자들도 그 흐름을 읽었다.

"이 정부에선 큰 파동이 나오지 않겠구나."

시장은 알고 있었다. 이 정권은 시장을 움직이지 못한다는 걸. 그래서 사람들은 길게 보지 않았고, 올랐다는 말에만 반응했고, 테마에만 쏠렸다. 주가는 반응하지 않았고, 자금은 움직이지 않았다. 2013년부터 2015년까지 주가는 횡보했다.

파동은 질서다

사람들은 파동을 말할 때 "뭐가 오를까?", "누가 뜰까?", "어디가 방향인가?"를 묻는다. 하지만 진짜 파동은 방향이 아니라 질서다.

급등은 어디서나 생긴다. 신규 상장, 인수합병, 중국 소비, 신약 임상, 정치인 테마…. 어떤 뉴스에도 종목은 튀어오른다. 하지만 그게 시장을 이끌지는 않는다.

시장은 언제든 오를 수 있다. 하지만 시장 참여자들은 아무 때나 따라가진 않는다. 파동이란 누군가가 흐름을 만들고 모두가 그 흐름을 '따라가야겠다'라고 느끼는 순간에만 생긴다. 그러려면 신뢰할 수 있는 리더, 지속 가능한 산업, 보조를 맞추는 정책, 그리고 사람들의 '납득'이 있어야 한다. 납득 없는 상승은 파동이 아니라 착시다.

박근혜 정부는 방향을 말했지만 시장에 질서를 주지는 못했다. '창조경제, 규제 완화, 서비스산업 육성'이라는 단어는 있었다. 하지만 시장은 그 단어들이 어디로 향하는지 몰랐다.

바이오가 올랐고, 화장품이 터졌고, 면세점이 흥했고, 정치 테마주가 뛰었다. 그러나 그 모두는 단독주행이었다. 누구도 어디로 가고 있는지 몰랐고, 그 흐름이 이어질지 믿지 못했으며, 한발 늦은 사람은 이미 끝난 차트를 구경했다.

질서가 없었기 때문에, 파동은 오지 않았다. 파동을 만드는 건 자본이 아니다. 자본을 움직이게 하는 질서다. 사람들은 주식이 돈으로 움직인다고 생각한다. 그 말도 맞다. 하지만 진짜 돈은 질서를 믿을 때 움직인다.

"이 산업이 커지겠구나."

"이 정부는 밀어붙이겠구나."

"이 리더십은 계속되겠구나."

그 믿음이 수십 조의 자금을 끌고 흐름을 만든다. 그게 파동이다. 길고 넓고 강한 흐름. 가장 무서운 건, 혼자 오르지 않고 모두를 데려가는 상승이다.

그러나 그 시절엔 모두가 혼자였다. 정부는 제 갈 길을 갔고, 시장도 정부를 보지 않았고, 투자자들은 각자 테마주를 들고 움직였다. 누구도 중심이 되지 못했고, 그 중심이 없었기 때문에 시장엔 리듬도 없었다. 그래서 우리는 그 시기를 '파동이 없던 시간'이라 부른다.

시장의 신뢰를 잃은 정부

2016년 가을, 최순실 게이트가 터졌다.

"대통령의 연설문을 민간인이 고쳤다."

"비선실세가 국정을 좌지우지했다."

광장은 분노로 들끓었고 수백만 명이 촛불을 들었다. 결국 박근혜 대통령은 탄핵당했다.

그 사이, 한국엔 정부가 없는데 세계는 예측할 수 없게 변하고 있었다. 미국에서는 도널드 트럼프가 대통령에 당선됐다. 예측불가능한 지도자가 세계 최강국의 대통령이 되었는데 한국은 국가 원수가 부재한 채 국정 공백 상태였다.

금융시장은 불안했다. 환율은 출렁였고 외국인은 한국 주식을 팔았다. 투자자들은 '이 나라 지금 누가 운전하고 있지?'라는 불안감에 휩싸였다. 트럼프의 '미국 우선주의', 한미동맹 약화 우려, 무역 구조의 격변 가능성…. 그렇지만 한국 시장은 대응할 수 있는 준비가 되어 있지 않았다. 지도자도, 방향성도, 대응도 없는 완전한 공백의 시간이었다.

그러나 헷갈리지 말아야 할 것이 있다. 탄핵은 계기가 아니라 결과였다. 시장은 이미 오래전부터 정부에 대한 신뢰를 거둬들이고 있었다. 탄핵은 그저 형식적인 결말이었을 뿐이다.

세계가 멈춰버린
전대미문의 팬데믹

파동은 기술로 만들어지지 않는다. 그건 신뢰라는 밑바탕 위에 올라간다. 그래서 신뢰가 사라졌을 때는 아무리 좋은 재료가 나와도 시장이 반응하지 않는다. 그리고 그 시절, 우리에겐 시장을 믿게 해줄 정부의 말 한마디가 없었다.

그 한마디를 기다린 사람들에게 문재인 정부의 등장은 조심스러운 기대감이었다. 이전 정부보다는 나을 거라는 기대감, 그러면서도 정권 교체로 인해 정책 기조가 많이 바뀔 것에 대한 걱정이 있었다. 게다가 이렇다 할 인수인계도 못 받은 채 바로 실무에 투입된 대통령이라니, 시장이 조심스럽게 움직이는 건 당연했다.

다행히도 문재인 정부 초기의 성적은 나쁘지 않았다. 아니, 정확히 말하면 뭘 해도 이전 정권보다는 나았다. 최소한 '소득주도성장'과 '공정경제'라는 구체적 방향 제시는 있었다. 최저임금 인상이나 해운산업 재건 등 좀 더 자세한 정책들도 제시되었다. 그것이 시장에 좋으냐 아니냐를 떠나서 어쨌든 뭐라도 제시했다는 사실만으로 완전히 멈춰 있던 시장이 조금씩 움직이기 시작했다.

결과적으로 문재인 정부는 새로운 파동을 만들어냈다. 그러나 그 파동의 이유가 정부 정책이 제대로 들어맞은 덕분이라고 하기는 어렵다. 사실상 문재인 정부가 추진한 정책의 효과가 나타날 시간도 없이 또 한 번 엄청난 공포가 전 세계 시장을 덮쳤다. 이번엔 코로나19 팬데믹이다.

전염병으로 멈춰버린 세계

2020년 1월, 중국 우한에서 '원인불명의 폐렴'이 발생했다는 첫 보도가 나왔다. 감기와 비슷하다는 초기 인식은 금세 바뀌었다. 사망자가 생기고, 감염자는 수천 명을 넘기고, 도시 전체가 봉쇄됐다. 중국 후베이성은 철저히 잠겼고 사람보다 드론이 먼저 거리를 지나가는 풍경이 뉴스 화면을 채웠다.

두려움은 언제나 '정체불명'에서 시작된다. 감염병 공포의 본질은 질병 자체가 아니라 예측불가함이었다. 그 병이 뭔지, 어떻게 옮는지, 언제 끝날지를 아무도 설명해주지 못할 때 공포는 걷잡을 수 없이 커진다.

그 공포가 중국을 넘어 일본, 싱가포르, 베트남, 한국으로 퍼지기 시작했다. 2월 말 한국 대구광역시에서 신천지 집단감염 사태가 터졌고 단 며칠 만에 하루 확진자가 세 자릿수, 네 자릿수로 불어났다. 사망자도 기하급수적으로 증가했다.

그해 3월, 유럽이 무너졌고 미국은 마비됐다. 이탈리아에서 하루 수백 명이 숨졌다. 병원 복도는 환자가 아니라 시신으로 가득 찼고 장례식도, 화장도 불가능했다. 사람은 죽었는데 땅에 묻을 시간이 없었다. 프랑스, 독일, 스페인도 비슷한 경로로 붕괴됐다.

곧이어 미국 뉴욕이 멈췄다. 지구상에서 가장 많은 돈이 움직이던 그 도시에서 사람들이 줄을 서서 식량을 받았고, 병원은 냉동트럭을 영안실로 쓰기 시작했다. 시신이 넘쳐났다. 장례식도 치르지 못하는 상태에서 도시는 통째로 정지됐다. 전 세계가 함께 무너졌다. 이건 경제위기가 아니라 문명의 멈춤이었다.

그 결과 전 세계 증시가 동시에 붕괴하기 시작했다. 미국 다우지수는 3월 한 달 동안 37% 하락했고, S&P500지수는 16거래일 만에 30% 폭락했다. 역사상 가장 빠른 붕괴였다. 나스닥은 물론 유럽과 아시아 증시도 하루에 7~10%씩 떨어졌다. 뉴욕증시는 3월에만 서킷브레이커(Circuit Breaker, 증시가 심하게 급등락할 때 거래를 일시 정지시켜 시장을 보호하는 조치)가 네 번 발동됐다. 그건 1987년 블랙먼데이 이후 처음 있는 일이었다.

한국도 예외는 아니었다. 코스피는 2월 말 2,200포인트 선에서 3월 중순에는 1,457까지 무너졌다. 23일 만에 740포인트 하락, 30%가 넘는 낙폭. 모든 섹터가 동반 낙하했고 가치도, 실적도, 기술도

전부 무의미했다. 코스닥은 400포인트 선까지 밀렸고 거래소에는 두 번의 서킷브레이커와 세 번의 사이드카(Side Car, 서킷브레이커보다 낮은 수준의 거래 일시 정지)가 발동됐다. 하루 만에 종합지수가 8%에서 10% 가까이 빠지는 날이 여러 번 반복됐다.

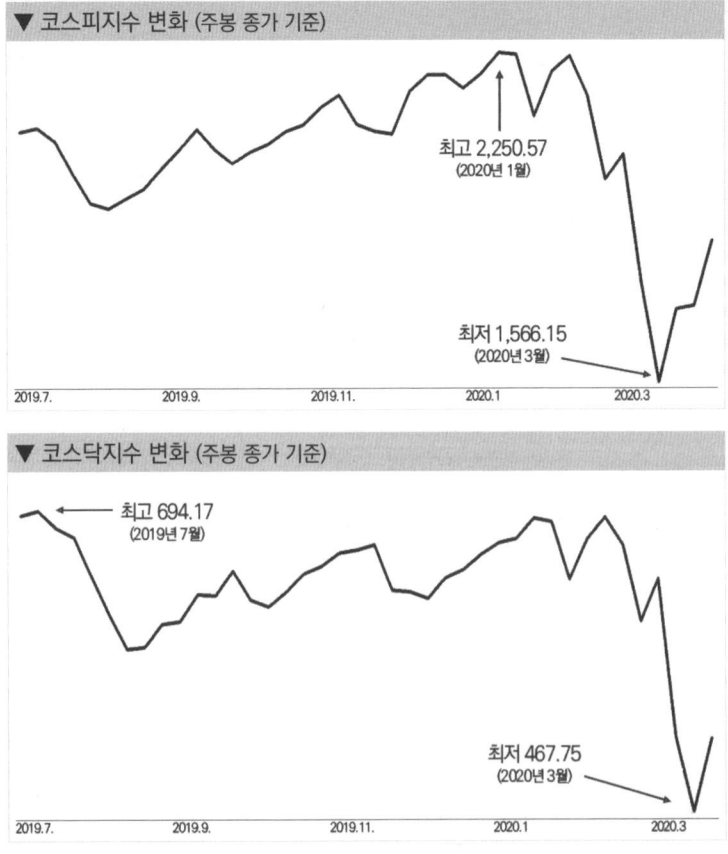

무너진 증시의 바닥에서 뭔가 움직였다

코스피 1,457포인트(장중가).

그리고 코스닥 419포인트(장중가).

단순한 주가 하락이 아니라 시장의 심장이 멎었던 순간이었다. 시장은 무너졌고, 시장 안에 있는 사람들은 공포를 넘어 '절망'에 가까운 감정을 느끼고 있었다.

그건 계산이 아니었다. 본능이었다. 인간은 알 수 없는 것 앞에서 도망치도록 진화해왔다. 나뭇가지가 바스락거렸을 때 확인하지도 않고 도망친 유전자만이 원시시대 맹수에게서 살아남았다. 코로나19는 그 원초적 공포를 자극하기에 충분했다. 그래서 시장은 반응한 게 아니라 도망쳤다. 계산이 아니라, 생존이었다.

그런데 시장이라는 존재는 절망이 끝나면 다시 움직인다. 그 바닥에서 다음 파동이 태어났다. 그 절망의 자리에 엄청난 유동성이 뿌려시기 시작했고, 그때부터 다음 파동의 싹이 자라기 시작했다.

돈이 싸다!
유동성 대폭발의 시대

2020년 3월에 시장이 무너졌다. 그런데 그 직후 시장은 다시 올라가기 시작했다. 코스피는 1,500에서 1,600을 거쳐 1,800을 넘더니 계속 올라가기만 했다.

시장엔 실적도 없고, 소비도 없고, 수출도 끊겼는데 주가는 상승 곡선을 그리기 시작했다. 이 현상은 논리적으로 설명되지 않았다. 그러나 시장은 움직였다. 왜냐하면, 세상이 돈을 쏟아내기 시작했기

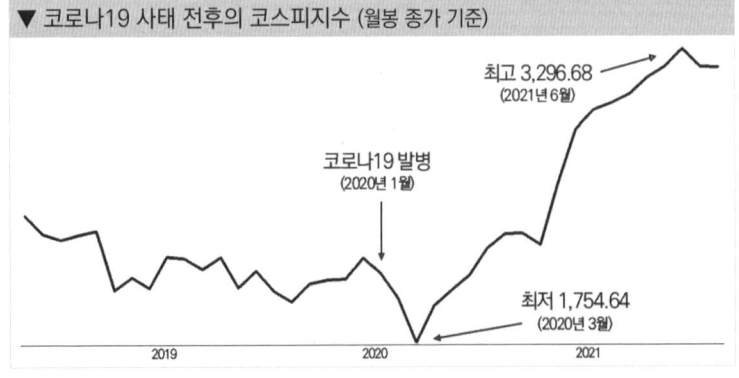

때문이다.

모든 나라가 돈을 뿌렸다. 2020년 3월 15일, 미국 연방준비제도(연준)는 기준금리를 0.00 내지 0.25%로 전격 인하했다. 그리고 이틀 뒤에는 '무제한 양적완화'를 선언하며 필요한 모든 자산을 얼마든지 사들이겠다는 메시지를 던졌다. 이 말 한마디는 세계 금융시장을 멈춰 세웠던 공포 위에, 갑작스럽게 단 하나의 희망을 던져주었다.

전 세계가 돈을 풀었다

연준은 미국채, 회사채, 모기지채권, 심지어 ETF까지 시장에 있는 모든 자산을 돈으로 교환하듯 사들이기 시작했다. 말 그대로 헬리콥터 머니(helicopter money, 헬리콥터로 돈을 뿌리는 듯한 유동성 공급)였다.

각국 정부는 '지원금'이라는 이름으로 현금을 국민 손에 쥐여주기 시작했다. 미국은 2020년부터 2021년까지 개인에게 직접 1,200달러, 600달러, 그리고 1,400달러에 이르는 경기부양금을 세 차례 송금했다. 이 돈은 조건도 없고 갚아야 할 기한도 없었다. 그냥 말 그대로 계좌에 꽂혔다. 일본, 캐나다, 독일도 마찬가지였다.

문재인 정부 역시 2020년 5월 전 국민에게 1인당 최대 25만 원, 4인 가구 기준 100만 원의 재난지원금을 현금으로 지급했다. 정부가 돈을 풀자 그 돈은 즉시 가계의 손에 들어갔다. 과거 위기 때 정부는 기업과 금융기관부터 살렸지만 이번에는 다르게 대응했다. 기업보다 가계를 먼저 살리기로 한 것이다.

그렇지만 사람들은 여전히 집 안에 머물렀다. 소비는 멈췄고 여행도, 외식도, 레저도 사라졌다. 사람들이 움직이지 않으니 풀린 돈도 소비되지 않았다. 그 대신 사람들의 통장잔고는 조용히 불어나기 시작했다.

2020년 4월 미국의 가계 저축률은 33.8%까지 치솟았다. 이 수치는 통계 작성 이후 최고치였고, 역사상 그 어떤 위기 상황에서도 볼 수 없던 수준이었다. 한국도 마찬가지였다. 지원금 살포와 소비 위축이 맞물리면서 가계는 강제적으로 저축을 하게 되었다.

남은 돈은 자산시장으로 흐르고

'쓰지 못한 돈'은 결국 자산시장으로 흘러갔다. 금리가 0이 되면 돈은 '기다리는 성질'을 잃는다. 돈은 원래 시간을 먹고 자란다. 은행에 넣으면 이자가 붙고, 채권을 사면 수익률이 생긴다. 그러나 이 시기에는 어디에 넣어도 돈이 늘지 않았다.

그 순간부터 돈은 더 이상 기다리지 않게 되었다. 그냥 움직이기 시작했다. 주식, 부동산, 비트코인, 심지어 미술품과 명품까지 돈이 들어가지 않은 자산이 없을 정도로 모든 시장이 동시에 요동쳤다.

유동성은 실물경기도 바꿔놓았다. '대기자본'이 결국 소비로 폭발한 것이다. 2021년 드디어 기다리던 백신이 보급되고 조심스러운 일상이 다시 시작되었을 무렵, 사람들은 그동안 참고 있었던 소비를 한꺼번에 쏟아냈다. 자동차는 반도체 부족으로 대기 기간이 늘었고 항공권과 호텔 예약은 몇 달 전에 완료되었다. 명품매장 앞엔 긴 줄이 늘어섰다. 억눌렸던 소비가 한꺼번에 폭발하는 이른바 '보복소비'가 현실이 되었다.

기업들의 실적도 폭발적으로 증가했다. 이 소비의 폭발은 단순한 반동이 아니라 유동성이 잠시 머물렀다가 현실로 이동한 구조적인 흐름의 결과였다.

개인투자자의 역사적 등장
'동학개미운동'

2020년 봄에는 세계가 멈췄다. 거리엔 침묵만 흘렀고, 뉴스는 온통 사망자, 확진자, 격리, 봉쇄 같은 말뿐이었다. 그러나 그 정지된 시간 속에서 한 가지는 분명히 움직이기 시작했다. 바로 주식 시장이다.

외국인은 떠났고, 기관은 눈치를 봤다. 그런데 무너지는 시장을 받아낸 건 개미들, 바로 개인투자자들이었다. 빠져나가는 외국자본에 맞서 국내시장을 지켜낸다고 해서 '동학개미운동'이라는 별칭까지 붙었다. 개인은 그야말로 쉴 새 없이 샀다. 2020년 한 해 동안 개인은 유례없는 순매수를 기록했다. 코스피에서 47조 원, 코스닥에서 21조 원.

한국 주식 역사상 처음으로 개인이 시장을 이끌기 시작했다. 이건 그저 '투자자가 많아졌다'는 말로는 설명되지 않는 변화였다. 시장의 권력 구조가 바뀐 순간이었다.

젊은 개미들, 시장을 들어올리다

더 놀라운 건 그 중심에 MZ세대가 있었다는 점이다. 1990년대 이후 출생한 20~30대 청년들이 주식 시장에 뛰어들기 시작했다. 누구도 그들에게 투자를 하라고 말해주지 않았고, 학교에서 배운 적도 없었으며, 심지어 부모 세대에게선 이런 말을 듣고 자랐다.

"주식 하면 집안 망한다."

"주식은 도박이다."

"IMF 때 다 날아갔다."

"리먼브라더스 때 울면서 손절했다."

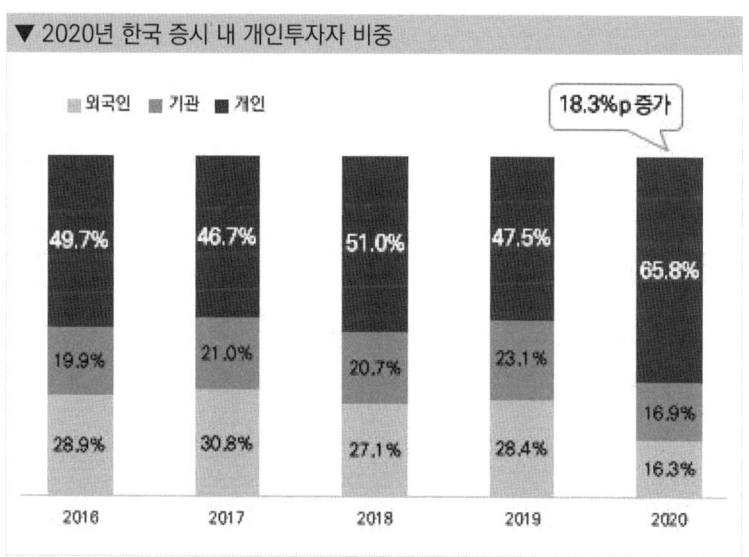

(출처 : 한국거래소 자료 재가공)

실제로 IMF 외환위기와 2008년 금융위기를 겪은 부모 세대는 주식에 대한 공포심을 자녀에게 가정교육처럼 전수하고 있었다.

그러나 이들은 스스로 반박하기 시작했다. 그들은 유튜브로 공부했고, SNS로 정보를 교류했고, 증권사 앱을 몇 분 만에 설치하고, 기업의 IR 자료를 다운받아 읽었다. 그리고 깨달았다.

"어? 이거 생각보다 합리적인 세계네?"

"내가 공부한 만큼 수익이 나는데?"

"생각보다 주식이라는 게 나쁘지 않네."

"이거, 해볼 만한데?"

그 깨달음은 위험 회피를 강요받으며 자란 한 세대가 처음으로 스스로의 자산 형성을 고민하게 된 사건이었다. 그리고 세상은 바뀌었다.

"우리는 시장의 피해자가 아닌 주도자"

그 해, MZ세대는 삼성전자에 열광했다. 주가가 9만 원을 넘어서며 '10만 전자'라는 말이 유행처럼 번졌고, 누구나 자기 인생의 첫 주식으로 삼성전자 한 주를 샀다는 경험을 공유했다.

그러나 삼성전자가 그들의 전부는 아니었다. 카카오, 네이버, 셀트리온, 에코프로비엠…. 20대와 30대는 시장을 주도하는 종목이 아니라 자기들이 주도하는 종목을 직접 골랐다. 그들은 더 이상 "누가 산다더라"가 아니라 "내가 공부하고 내가 결정한다"는 투자자로 성장하고 있었다.

그들의 진입은 시장의 심리를 바꿨다. 과거의 개인은 항상 피해자였다. 고점에 물리는 사람, 외국인과 기관에 밀려서 늘 손절하는 사람, 언제나 늦게 들어오는 사람이었다. 그런데 이때는 달랐다. 가장 먼저 들어왔고, 가장 오래 버텼고, 가장 많이 샀으며, 결국 가장 크게 먹은 주체가 개인이었다.

시장도 이걸 인정했다. 그때부터 개인은 '수급 주체'가 아닌 '시장의 주도자'가 되었다. 이것은 단순한 투자 열풍이 아니었다. 시대의 전환이었다. 청년들이 주식을 하기 시작했다는 건 단순히 돈을 벌겠다는 게 아니라 이제는 스스로 삶을 설계하고 싶다는 뜻이었다.

그들은 이제 열심히 돈 모아서 집주인에게 전세금이나 올려주는 경제활동의 '객체' 아니라, 주식으로 경제를 이해하고 자산을 만들어가는 '주체'로 바뀌있다. 그리고 그 흐름은 한 해 두 해가 지나면서 '개인의 시대'라는 이름으로 고착되었다.

모두가 실시간으로
'코스피 3,000'을 지켜봤다

3,000.

수십 년 동안 그 숫자는 한국 증시의 희망이자 트라우마였다. 넘을 수 있을 것 같다가도 항상 미끄러졌다. IMF 사태, 리먼브라더스 사태, 남북 관계 긴장, 글로벌 쇼크…. 온갖 이유로 매번 그 앞에서 멈췄다. 그러나 2021년 1월 6일, 드디어 그 벽이 깨졌다.

그날 시장은 '집단적 환희'를 실시간으로 공유했다. 코스피지수가 3,000포인트를 돌파하던 그 순간, 스마트폰의 증권사 MTS 앱에선 일제히 알림이 울렸고, 카카오톡엔 캡처 사진이 올라왔다. 인스타그램, 페이스북, 트위터엔 '#3000'이라는 해시태그가 줄을 이었다.

지수가 움직이는 그 순간이 모두의 손안에 실시간으로 전달됐다. 누구는 회사에서, 누구는 지하철에서, 누구는 커피숍에서 3,000의 순간을 함께 봤다. 파동이 정보로 퍼진 게 아니라 감정으로 전이된 것이다. 모두가 실시간으로 파동을 '체험'한 최초의 순간이었다.

"나 그거 봤어."

"그날 나도 시장 안에 있었어."

"그건 우리가 만든 거야."

3,000은 이전엔 숫자였지만, 이번에는 집단의 기억이자 감정의 순간이었다. 사람들은 숫자를 눈으로 확인하며 시장의 주인으로 인정받는 감각을 느꼈다.

스마트폰은 파동의 전달 구조 자체를 바꿨다. IMF 사태 이후에도 반등이 있었고, 2009년 리먼브라더스 사태 이후의 V자 반등도 있었다. 그러나 그땐 TV 뉴스를 봐야 소식을 알았고, PC 앞에 있어야 차트를 볼 수 있었다. 하지만 이번엔 달랐다. 스마트폰이 모든 사람을 시장에 실시간으로 연결시켰다. 어디서나 MTS로 실시간 호가창을 확인하고, 커뮤니티에서 분봉차트 캡처를 공유했다. 유튜브 실시간 방송에서 전문가 해설을 듣고, 카카오톡이나 밴드 등의 단체메신저

▼ 코스피지수 3,000의 순간

(출처 : EBN, 2021년 1월 8일자)

에서 급등주 토론을 벌였다.

코스닥도 1,000을 돌파하고

같은 해 1월 25일, 코스닥도 질세라 1,000포인트를 돌파했다. 2000년 닷컴버블 붕괴 이후 무려 20년 만의 회복이었다.

그리고 이번에는 투기적 벤처가 아니라 실제 기술과 실적을 가진 종목들이 중심에 있었다. 에코프로비엠, 셀트리온헬스케어, 카카오게임즈…. 개인의 자금이 이끄는 시장에서 기술 기반의 미래주들이 무대를 차지하기 시작했다.

3,000과 1,000.

그날의 숫자는 데이터가 아니라 집단의 믿음이 실현된 형태였다. 이 숫자들은 단순한 통계가 아니었다. 그건 시장 참여자들이 함께 만들어낸 이야기의 종착점이었다. 그날 개미들은 말했다.

"이건 우리가 만든 거야. 이전엔 외국인이 끌었지만, 이번에는 우리가 밀어올렸어."

파동의 주인이 바뀌었다. 그리고 그 변화는 모두의 손안에서 시작됐다. 증권시장의 전광판이 아니라, 스마트폰 화면 위에서 완성된 파동. 모두가 실시간으로 시장을 지켜보았고, 모두가 서로에게 파동을 전염시켰고, 모두가 참여자이자 중계자이자 주인공이었다.

4차 파동을 주도한 3가지 분야

코스피 3,000과 코스닥 1,000. 이것을 이끈 견인차는 무엇이었을까? 4차 파동의 주도주는 크게 세 갈래였다. 전기차와 배터리, 바이오와 백신, 플랫폼과 디지털 생활. 이 세 가지가 2020년과 2021년 한국 증시의 중심이었다.

전기차 시대의 필수품 '2차전지'

첫째는 2차전지다. 미래로 가는 차는 한국산 배터리를 싣고 있었다. 2차전지는 더 이상 전기차에만 종속된 테마가 아니었다. 배터리는 내연기관 시대의 엔진을 대체하는 심장이었고, 한국은 그 심장을 만드는 국가였다.

2020년 3월만 해도 에코프로는 1만 원 근처를 맴도는, 거의 주목받지 못하는 소형주에 가까웠다. 하지만 그로부터 1년 8개월 뒤인

2021년 11월, 에코프로의 주가는 15만 원을 돌파하며 열 배가 넘는 상승률을 기록했다. 에코프로비엠은 5만 원대에서 시작해 2021년 말에는 56만 원을 넘어서며 역시 텐배거(Ten Bagger, '10루타'라는 의미로 수익률 10배의 종목을 뜻함)가 되었다.

배터리 분야의 전통적 강자였던 LG화학 역시 2020년 3월 당시에는 26만 원 수준이었지만 1년도 되지 않은 2021년 1월에는 105만 원을 돌파하며 대형주로서는 이례적인 고공행진을 펼쳤다.

이 흐름은 단순한 주가 급등이 아니었다. 그 뒤에는 전기차 수요의 폭발적 성장이라는 세계적인 구조 변화가 있었다. 국제에너지기구(IEA)는 전 세계 전기차 판매량이 2020년 약 300만 대에서 2030년까지 2억3,000만 대 수준으로 증가할 것이라고 내다봤다. 이는 시장이 10년 만에 70배가 넘게 확대된다는 뜻이다.

그 속에서 한국의 배터리 3사는 글로벌 점유율 1~5위를 모두 차지하고 있었고, 소재·장비 기업까지 줄줄이 재평가되었다. 한국은 '배터리 강국'이라는 새로운 정체성을 얻게 되었다.

팬데믹이 남긴 숙제 '바이오'

둘째는 바이오다. 전염병이 던진 질문에 기업들이 답을 하기 시작했다. 코로나19는 인류에게 '질병은 삶의 일부'라는 사실을 강제로 체험하게 만들었다. 그리고 시장은 질병을 치료하고 대응할 수 있는 산업, 즉 바이오 섹터에 주목하기 시작했다.

2020년 3월까지만 해도 셀트리온은 13만 원대 초반에 거래되며 한동안 조용한 대형주 취급을 받았지만, 코로나19 항체 치료제 개발 발표 이후 주가는 탄력을 받기 시작했다. 같은 해 말에는 38만 원에 육박하는 수준까지 치솟았다.

삼성바이오로직스는 팬데믹 초기에 주가가 38만 원 수준이었으나 글로벌 백신 위탁생산 계약(CMO) 성과가 속속 발표되면서 2021년 말 기준으로 90만 원을 넘어서게 되었다.

2021년 3월 상장한 SK바이오사이언스는 공모가 6만5,000원에 청약을 했다. 첫날 시초가는 무려 두 배인 13만 원, 종가는 상한가인 16만9,000원에 마감하며 시장 전체를 뒤흔드는 강세를 보였다. 당시 청약증거금은 63조 원에 달했고, 이 기록은 한국 증시 역사상 최고치를 찍었다.

코로나19 백신과 치료제 개발은 단순히 특정 기업만의 수혜가 아니었다. 질병은 모두의 문제이며, 바이오 산업은 국가안보 수준의 전략산업이라는 인식을 시장 전체에 심어준 결정적 사건이었다. 바이오 주식에 돈이 몰렸던 건 그들이 꿈을 꾸는 기업이어서가 아니라, 세상을 실질적으로 바꾸는 기술력을 갖췄다는 걸 시장이 처음으로 믿어주었기 때문이었다.

집 안에서 세상을 연결하는 '인터넷 플랫폼'

셋째는 인터넷 플랫폼이다. 2020년 팬데믹의 충격은 경제보다 사회에 먼저 도달했다. 사람들은 집 밖에 나가지 못했고 식당, 카페, 영화관, 공연장은 문을 닫았다.

그러자 그들의 생활은 스마트폰 화면 속으로 쏟아져 들어왔다. 바깥 세상은 멈췄지만, 집 안에서는 모든 게 연결되어 있었다. 배달의민족은 한 시간 이내 식료품 배송을 시작했고, 쿠팡은 새벽배송을 일상화했으며, 카카오는 모빌리티와 쇼핑, 금융까지 통합한 앱을 열었고, 네이버는 웹툰과 커머스로 해외 이용자까지 붙잡았다. 플랫폼 기업은 현실이 멈춘 자리를 대신해 일상의 기반이 되기 시작했다.

주가도 그 흐름을 그대로 따라갔다. 2020년 3월 카카오의 주가는 약 13만 원 수준이었지만, 6월에 진행된 액면분할 후에도 주가는 빠르게 반등했다. 2021년 6월엔 5만 원대를 돌파하며 실질적으로 네 배 가까운 수익률을 만들어냈다. 네이버 역시 2020년 3월에 15만 원대였던 것이 2021년 초엔 45만 원을 넘어섰다. 한국 대기업 중 인터넷 기업이 시가총액 2위와 3위를 차지한 건 이때가 처음이었다.

그리고 2021년 3월, 쿠팡은 미국 뉴욕증시에 상장하며 시가총액 100조 원 이상 기업으로 데뷔했다. 한국에서 시작된 인터넷 플랫폼 기업이 글로벌 자본시장에서 인정받은 첫 사례였다.

이건 단순한 주가 상승이 아니었다. '종목의 위계'가 뒤바뀌는 파동이었다. 삼성전자와 현대차 중심의 한국 시장 서열은 오랫동안 고착되어 있었다. 그러나 이번 파동에서 시장 참가자들은 완전히 다른 종목군에 미래를 걸기 시작했다.

삼전에서 미래주로,
MZ가 다시 쓴 종목 위계

한국 주식 시장은 오랫동안 삼성전자 일극 체제였다. 누가 뭐래도 '삼전'이 시장의 중심이었고, 그 종목의 등락이 지수의 흐름을 좌우했으며, 모든 ETF와 기관 매매의 기준점이었다. 시장 참여자들의 사고방식조차 "삼전이냐, 아니냐"로 나뉘는 시절이었다.

그러나 2020년, 그 질서에 균열이 생기기 시작했다. 그 균열을 만들어낸 건 MZ세대의 진입이었다. 이들은 달랐다. 그들은 시장에 들어오자마자 시장 전체의 분위기를 바꾸었다.

투자를 게임처럼 즐기는 MZ세대

MZ세대는 주식을 금융상품이라기보다는 '리얼타임 반응형 콘텐츠'처럼 대했다. 그들은 회사 이름보다 주가 그래프를 먼저 봤고, 거래소 공시보다 유튜브 썸네일을 먼저 클릭했으며, 애널리스트 리포

트보다 텔레그램방 요약본을 먼저 읽었다. 그들은 삼성전자도 샀지만 에코프로, 엘앤에프, 셀트리온, 카카오, 크래프톤, 위메이드도 샀다. 자기들이 '재밌다'고 느끼는 종목에 기꺼이 목돈을 걸었다.

그들은 말하자면 주식 시장을 놀이처럼 대하는 첫 세대였다. IMF와 리먼브라더스를 통과한 기성세대에게 주식은 무겁고, 위험하고, 늘 경계해야 하는 '계산의 대상'이었다. 그러나 MZ세대에게 주식은 정보로 놀고, 변동성으로 자극을 받으며, 커뮤니티에서 말장난으로 소비되는 하나의 대화 소재이자 게임판이 되었다.

대형주 중심의 시장질서가 무너졌다

그들이 시장의 다수가 되었을 때 시장도 그에 따라 변하기 시작했다. 삼성전자 중심의 위계는 천천히, 그러나 확실히 무너졌다. 코로나 팬데믹 이후 삼성전자는 4만 원대에서 시작해 10만 원에 가까운 상승세를 보였지만, 그 흐름은 어느 순간부터 개인들의 흥미에서 멀어지기 시작했다.

"느리다."

"재미없다."

"지금은 그거 말고, 움직이는 다른 게 있다."

그들이 말한 '다른 것'은 에코프로였고, 포스코케미칼이었고, 네

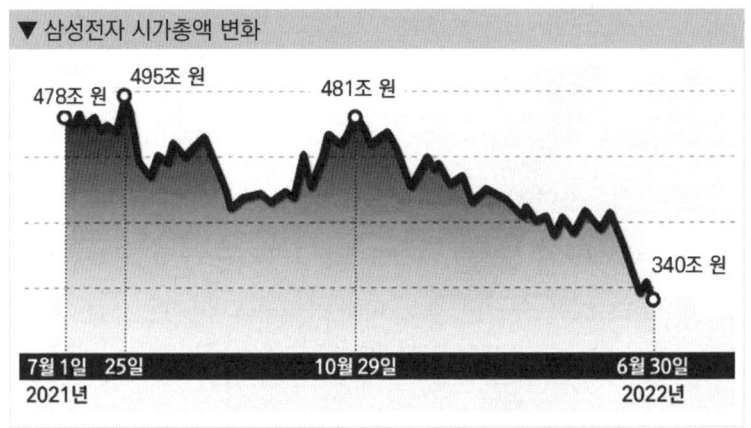

(출처 : KRX정보데이터시스템 자료 재구성)

이버와 카카오였다. 그 종목들은 실적도 실적이지만 이야기와 상상력, 그리고 커뮤니티의 열광적 지지가 만든 빠른 속도로 움직였다.

MZ세대의 대거 유입은 시장에 민감성과 다양성을 불어넣었다. 그리고 그 민감성은 전통적인 대형주 중심의 위계를 무너뜨리고 새로운 스타들을 만들어내는 데 사용되었다. 삼성전자가 지배하던 시절은 지수가 곧 주식 시장이었지만, 이 시기 이후부터는 "내 계좌가 시장이다"라는 인식이 사람들의 투자 기준이 되었다. 이 시기 이후 시장 참여자들의 기준은 '안정'에서 '재미'로, '크기'에서 '속도'로 옮겨갔다.

4차 파동을 돌아보며

- 2016년 '박근혜 탄핵 + 트럼프 당선'이라는 이중 충격이 당시 시장 심리에 어떤 영향을 미쳤을까?
  그때 한국 증시에서 외국인이 빠져나간 이유는 뭘까?

- "스마트폰이 파동의 속도를 바꿨다"는 주장에 동의하는가?
  실시간 정보 전달과 실시간 감정 공유는 시장을 어떻게 바꿨을까?

- 에코프로, 셀트리온, 카카오 등이 중심이 된 배경을 어떻게 해석할 것인가?
  주도주가 바뀌었다는 건 단지 산업 트렌드의 변화일까?
  아니면 시장 참여자의 가치관 변화일까?

- MZ세대가 주식 시장에 들어오면서 무엇이 가장 크게 달라졌다고 보는가?
  투자에 대한 관점, 리스크에 대한 태도, 시장을 대하는 방식 중 무엇이 가장 눈에 띄었나?
  그것이 주식 시장의 구조적 변화를 가져왔다고 할 만큼 영향력이 있을까?

- "대형주는 느리고 미래주는 빠르다"는 말은 어떤 의미에서 옳고, 어떤 면에선 위험한가?
  속도에 끌리는 투자자들은 무엇을 놓칠 수 있는가?

- 개인의 참여가 시장을 더 깊고 안정적으로 만들 수 있을까?
  아니면 더 자극적이고 위험하게 만들까?

- 당신이 2020년 3월로 돌아간다면, 어떤 선택을 할 것인가?

THE FIFTH WAVE OF

5차 파동

또 한 번의 기회, 이번에도 놓칠 것인가

THE STOCK MARKET

이재명 정부에서
예상되는
한국 주식의 방향성

바닥을 기던 코스피와 코스닥은 윤석열 탄핵안이 헌법재판소로 넘어간 직후부터 아무런 망설임 없이 상승으로 방향을 틀었다. 심지어 미국이 관세 폭탄을 던지는 와중에도 꿋꿋이 버텨냈다. "이전보다는 낫다." 이런 단순한 믿음이 주가를 움직인다. 무능이 사라지고, 기조가 들어설 거라는 단순한 희망. 그게 곧 시장의 '프리미엄'이 된다.

윤석열 정권 말기,
시장은 정부를 포기했다

시장은 항상 먼저 안다. 언론보다 빠르고, 지지율보다 정직하게 반응한다. 2025년 윤석열 정권의 마지막 국면은 그 누구보다 시장이 먼저 정권을 포기한 순간이었다.

박근혜 대통령 때도 그랬다. 박근혜 정부 말기 '최순실 게이트'가 터지고 국정농단의 전모가 밝혀지기 이전부터 정부의 말은 이미 시장에 아무런 힘이 없었다. 한쪽에선 '창조경제'를, 다른 한쪽에선 '문화계 블랙리스트'를 말했다. 에너지, 복지, 통일 등등 모든 부처가 각자 따로 놀았고, 시장은 방향을 잃었다.

또 한 번 리더십이 사라졌다

일관된 정책이 없으면 시장은 움직이지 않는다. 그리고 그 무력함은 윤석열 정부에서 한 번 더 반복되었다. 말뿐인 성장, 말뿐인

지원. 윤석열 정권은 반도체 산업을 키우겠다고 약속했고, AI를 육성하겠다고 외쳤고, 스타트업과 청년을 위한 정책도 쏟아냈다. 하지만 실제로 집행될 예산은 줄었고, 산업정책은 회의체와 간담회 구성 수준에 그쳤다. "지원하겠다"는 말은 있었지만 시장에 들려온 건 정적뿐이었다.

보여주기 식 정책, 도박적 발상, 그리고 대화 실종까지. 윤석열 정권의 정책은 차근차근 방향을 잡아가는 국정운영이 아니라 그때그때 장면을 만들고 반응을 노리는 이벤트 정치에 가까웠다.

그런 면모는 '대왕고래 프로젝트'에서 뚜렷이 드러났다. 동해에서 석유와 천연가스가 터지기만 하면 한국 경제는 한 방에 뒤집힌다는 한탕주의적 노림수. 누가 봐도 실현 가능성이 낮았지만 관련주는 폭등했다. 그것 말고는 정부가 시장에 방향성을 보여준 게 딱히 없었기 때문이다.

의대 정원 2,000명 증원은 어땠나. 의료계, 의과대학, 환자단체 중 누구와도 제대로 된 합의 없이 전격 발표됐다. 전국적인 반발, 전공의들의 집단 사직, 의대생 집단 휴학, 의료 공백…. 그 후유증은 새로운 대통령이 뽑힌 지금까지도 이어지고 있다.

중동 외교도 있다. 삼성, 현대차, SK 등 재벌 회장들을 줄줄이 데리고 다니며 '그림'은 만들었지만 실제 수주는 따라오지 않았다. 투자자들은 사진보다 결과를 원한다는 걸 윤석열 정부는 몰랐다.

무능함을 들킨 정부, 마비된 시장

시장은 그걸 꿰뚫어 봤다. 정부가 "AI 키우겠다, 반도체 지원하겠다, 의료 개혁하겠다, 에너지 전환하겠다"라고 외쳤지만 그 말에 이어진 실질적 정책은 아무것도 없었다는 걸. 시장도 학습한다. 한두 번은 기대하지만, 세 번째부터는 반응하지 않는다. 그래서 윤석열 정부 시절 가장 잘 오른 종목은 '대왕고래' 테마주였다. 신박한 기술 주도, 실적에 기반한 수출주도 아니었다.

이건 시장에 대한 명백한 사형선고였다. 코스피는 정권 내내 제자리걸음이었다. 정부가 말하는 산업에 실제로 돈이 가지 않았다. 테마성 이벤트만 반복됐고, 정책이 '진짜 신호'로 기능한 적은 없었다. 그래서 시장에 큰 파동은 없었고 개별 테마만 출렁이다가 사라졌다.

그리고 2024년 12월, 끝내 그 모든 불신은 화산처럼 터졌다. 계엄령이 선포되자 국정은 마비됐고 정책 결정은 멈췄다. 계엄령에 대한 정부의 검토 문건이 언론에 공개되었다. 시장에선 그것이 단지 시나리오가 아니라 '실제 계획'이었을지 모른다는 공포가 퍼졌다.

그 하루 동안 원-달러 환율은 80원 이상 급등했고, 외국인은 1조 4,000억 원 이상을 순매도한 후 한국에서 서둘러 도망쳤다. 서울 외환시장에서 원화가치는 2009년 금융위기 이후 최저치를 기록했다. 외신은 "한국은 정치 불안의 진앙지"라고 보도했다.

우리는 이 책의 결론을 다시 떠올려야 한다. 아무리 기업이 잘해

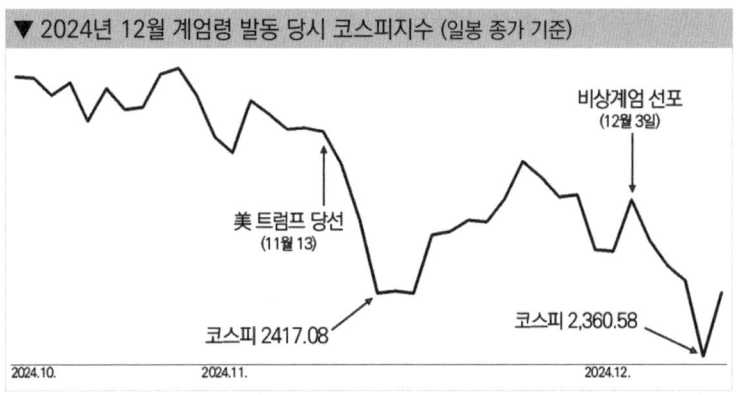

도 정부가 잘못된 판단을 하면 주가는 나락으로 떨어진다. 그날 투자자들은 한국 증시를 떠났다. 그들이 본 것은 재무제표도 아니고 시장점유율도 아니었다. 정권의 안정성과 정책의 신뢰였다.

윤석열 정권이 무너지고 새로운 정부가 들어선 지금, 시장은 다시 살아날 수 있을 것인가? 그것을 알기 위해서 우리는 이제 기업의 내재가치를 보기 전에 정권의 방향성과 리스크를 먼저 분석해야 한다.

정치가 리스크에서
프리미엄으로 바뀐다면

주가지수는 감정의 그래프다. 실적과 이익, 수출과 고용이 움직이는 게 아니다. 희망이 주가를 만들고, 두려움이 지수를 끌어내린다. 그래서 정권 교체는 곧 불안의 순간이자 기대의 전환이다.

하지만 그것은 투표함이 닫힌 순간이 아니라 그 이전, 정확하게는 실망이 신뢰로 옮겨가는 순간부터 시작된다. 윤석열에 대한 실망이 이재명에 대한 기대가 될 수 있는 것이다.

시장은 도덕성보다 능력을 본다

윤석열 정부에 대한 피로는 이미 누적되어 있었다. 국정운영은 비효율과 갈등으로 일관됐고, 보여주기 식 정책에 지친 시장은 더 이상 정부를 믿지 않았다. 그런데 그 정권을 넘겨받을 사람이 이재명이란 것이 분명해지기 시작했을 때 시장엔 확신에 가까운 기대감이 퍼지기 시작했다.

이재명 대통령은 후보 시절부터 여러 리스크가 있었지만 지지율은 떨어지지 않았다. 도덕성 논란, 사법 리스크, 검찰 수사…. 그런데도 국민의 절반은 그를 버리지 않았다. 심지어 3심을 모두 거친 후 진행된 전무후무한 대법원 전원합의체에서 유죄취지 파기환송이 나왔을 때조차 그의 지지율은 굳건했다. 그 이유는 사람들이 그의 '도덕성'보다 '능력'을 봤기 때문이다.

대중에게 그는 위기에서 싸울 줄 아는 사람, 성남과 경기도에서 실제 성과를 냈던 사람이라는 기억을 심어주었다. 전과 기록으로는 이재명 대통령에 못지않았던 이명박 대통령도 그랬다. 사람들이 그를 선택한 것은 도덕성보다 능력을 봤기 때문이었다. 유권자들은 '다스가 누구 것이냐'보다 그가 서울시장을 하며 여러 가지 업적을 냈다는 사실에 더 주목했다.

시장은 이번에도 똑같이 작용했다. 혼란이 반복되는 정권보다 실행력 있는 정권을 원했던 것이다. 윤석열은 흔들리고 있었고, 이재명은 준비되어 있었다. 윤석열 탄핵 과정에서 여당인 국민의힘이 '분열'이라는 단어를 몸소 체현하는 동안, 이재명은 흥분하지 않고 정제된 대응으로 차분하게 준비되어 있다는 인상을 줬다. 그의 연설은 간결했고, SNS 메시지는 분명했다. 2022년 대선에서 석패한 뒤 꾸준히 벼려온 칼날 같은 '준비된 지도자'의 이미지는 시장에 안정감을 줬다.

정치적 리스크가 사라지면 한국 증시는 오른다

실제로 바닥을 기던 코스피와 코스닥은 윤석열 탄핵안이 헌법재판소로 넘어간 직후부터 아무런 망설임 없이 상승으로 방향을 틀었다. 심지어 미국이 관세 폭탄을 던지는 와중에도 꿋꿋이 버텨냈다. 2025년 초 한국 증시 수익률은 미국을 완전히 추월했다. 아직 내각이 어떻게 구성되고, 경제팀에 누가 들어갈지도 모르는 상황이었는데도 시장에는 딱 하나의 메시지만 꽂힌 것이다.

"이전보다는 낫다."

그동안 시장을 짓눌렀던 건 단순히 고금리도 아니었고, 수출 둔화도 아니었고, 환율 급등도 아니었다. 그 모든 것을 한 데 묶은 '불신'이라는 정치 리스크였다. 윤석열 정부는 시장에 신뢰를 주지 못했고, 그 결과 한국 증시 전체에 국가적 디스카운트가 씌워졌던 것이다.

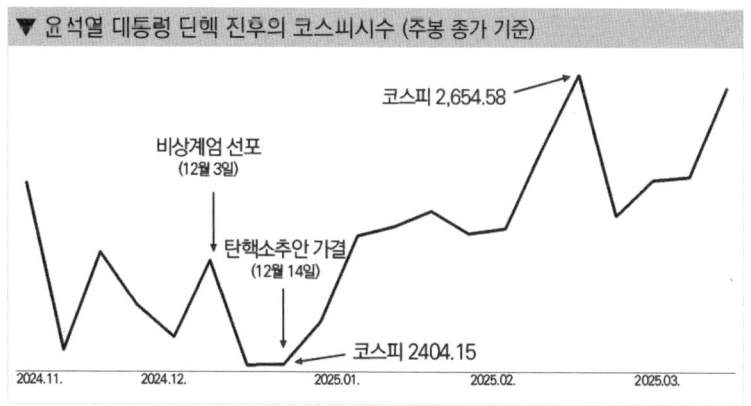

그런데 그 리스크가 사라졌다. 그 이유 딱 하나만으로도 프리미엄은 만들어진다. 기대는 논리가 아니라 방향이다. 시장이 이재명 정부에 거는 기대는 복잡하지 않다.

말을 번복하지 않을 것.
일관성 있는 메시지를 낼 것.
정책이 결정되면 예산이 따를 것.
경제를 이해하는 참모를 기용할 것.
산업을 바라보는 명확한 관점을 보여줄 것.

이런 단순한 믿음이 주가를 움직인다. 무능이 사라지고, 기조가 들어설 거라는 단순한 희망. 그게 곧 시장의 '프리미엄'이 된다.

이재명 정부의 핵심 정책
'지역화폐'

이재명 정부 경제 정책의 근간은 거창한 국가 계획이 아니다. 바로 지역화폐에서 출발한다. 지역화폐는 소비를 설계하는 기술이다. 핵심은 단순하다. 해당 지역에서만 쓸 수 있다는 제한. 그러나 그 단순한 제한이 기존의 자본 회수 구조를 끊어낸다.

이재명 대통령이 경기도지사 시절 같은 정책을 펼쳤을 때, 사람들은 처음엔 고개를 갸웃했다.

"이 작고 지엽적인 정책이 경제 정책의 핵심이라고?"

그러나 곧 시장은 알게 됐다. 이것은 단순한 복지정책이 아니라 돈의 흐름을 바꾸는 도구, 나아가 자본시장의 판을 바꾸는 발화점이라는 걸.

돈은 돌아야 살아난다. 위기가 오면 사람들은 돈을 모은다. 그래서 저축은 늘고, 소비는 얼어붙는다. 그러면 자영업이 죽고, 지역경제가 식는다. 이재명 당시 경기도지사는 거기서 시작했다.

"돈이 돌게 만들어야 한다."

지역화폐의 핵심은 유동성 확대

지역화폐의 본질은 대기업 플랫폼이나 대형마트, 본사 등으로 빨려 나가던 돈을 동네 식당, 전통시장, 소상공인 등 지역 내 경제주체들에게 고정시키는 것이다. 이것은 소비자의 동선을 바꾸고 소득 대비 유통의 지형을 재조정하는 작업이다.

이재명 대통령은 후보 시절 유세 현장에서 '농어촌 기본소득'을 언급한 바 있다. 중앙정부와 지방자치단체가 예산을 조금만 할당하면 지역화폐로 월 20만 원까지 일반 대중에게 지원금을 지급할 수 있다는 것이다. 지원금을 지역화폐 형태로 뿌리면 곧 그 지역 내 통화량의 증가로 직결된다.

이렇게 한 달에 20만 원씩 지역화폐가 지급되면 그것으로 지역 경제가 활성화되기도 하겠지만, 한편으로 국가 경제 전체에도 긍정적 영향을 미친다. 지역주민들은 한 달에 20만 원씩 추가적으로 다른 곳에 소비할 수 있는 여력이 생긴다. 지원금으로 받은 지역화폐는 해당 지역 내에서만 쓰이겠지만, 그만큼 덜 쓰게 된 돈은 다른 곳에 쓰임으로써 다시 대기업 등 중심부 경제로 들어갈 수 있다.

이는 결국 전반적인 통화량 증가로 이어질 수밖에 없다. 따라서 지역화폐는 곧 신규 통화량의 유입이다. 정부가 직접 발행하고 유통시키는 지역화폐는 시장 전체의 돈을 늘리는 방식으로 유통 자극제 역할을 할 것이다.

통화량을 늘리면 실적이 움직인다. 돈이 늘면 소비가 늘고, 소비가 늘면 기업의 매출이 오르고, 기업의 실적이 좋아지면 주가가 반응한다. 이것은 거시경제가 증시로 연결되는 전형적 흐름이다.

4차 파동과의 유사성

이런 흐름은 사실 2020년 코로나19 팬데믹 당시 한국 시장이 한 차례 경험했던 것이기도 하다. 팬데믹 당시 정부는 사상 초유의 규모 재난지원금, 소상공인보전금, 특별융자, 실업급여 등을 시장에 풀었다. 그 결과 시중 통화량은 폭발적으로 늘었고 '돈이 남는다'는 말이 유행어가 될 정도로 유동성이 넘쳤다.

그때 시장은 어떻게 반응했는가? 코스피는 1,400에서 3,300포인트까지 올랐고, 코스닥은 400에서 1,000을 돌파했다. 주가는 실적보다 먼저 움직였다. 소비가 회복되지 않았는데도 '돈이 돌아간다'는 기대만으로도 시장은 반응했다.

당연히 물가가 따라 올랐다. 하지만 투자자는 상승장에서 수익을 얻었다. 리스크는 있었지만 그보다 먼저 수익이 도착했다. 그래서 이재명 정부의 5차 파동은 문재인 정부의 4차 파동과 유사한 성격을 가질 것으로 보인다.

지역화폐 = 유동성 확대

유동성 확대 = 소비 진작

소비 진작 = 실적 증가

실적 증가 = 주가 상승 가능성

실제로 이재명 대통령이 성남시와 경기도에서 지역화폐를 실험했을 때, 해당 지역의 자영업자 매출은 평균 10~20% 증가했고 소득 대비 소비율은 전국 평균보다 30% 가까이 높았다. 시장은 그 기억을 갖고 있다. 이재명 대통령은 후보 시절 이렇게 외쳤다.

"이명박의 4대강 사업에 40조 원 퍼붓는 건 되고, 지역화폐를 지원하는 건 안 됩니까?"

이는 그만큼 지역화폐에 대한 그의 확고한 믿음을 보여주는 말이다. 물론 부작용도 있다. 물가상승이라는 그림자. 돈이 풀리면 소비는 진작되지만, 그만큼 물가가 오를 것이다. 그래서 지역화폐 정책은 물가 안정과의 균형 속에서 관리되어야 하며, 이 부분은 향후 시장에 리스크 요인으로 작용할 수 있다.

하지만 리스크가 존재한다고 시장이 기대를 거두지는 않는다. 기대는 언제나 먼저 작동하고, 조정은 그다음에 따라온다. 투자자는 기대감이 충만할 때 수익을 내면 그만이다.

'10대 공약'에
주목해야 하는 이유

이재명 대통령은 후보 시절 일찌감치 대선공약집을 내고 '10대 공약'을 발표했다. 전임 대통령 탄핵이라는 특수한 상황 속에서 별도의 인수위원회를 운영할 시간이 없었던 이재명 정부에게는 후보 시절의 공약이 곧 정부의 국정기조를 정리하는 작업이었을 것이다.

그래서 이재명의 10대 공약은 매우 중요하다. 정치인의 수많은 공약(公約)이 말뿐인 공약(空約)으로 변질되지만, 적어도 새 정부가 생각하고 있는 큰 방향성은 가늠해볼 수 있다. 그리고 그 방향성에는 5차 파동을 불러올 만한 구조적 변화가 많다. 공약집에 들어 있던 10대 공약을 있는 그대로 정리하면 다음과 같다.

[1순위] 세계를 선도하는 경제 강국을 만들겠습니다.

[2순위] 내란 극복과 K-민주주의의 위상 회복으로 민주주의 강국을 만들겠습니다.

[3순위] 가계·소상공인의 활력을 증진하고, 공정경제를 실현하겠습니다.

[4순위] 세계 질서 변화에 실용적으로 대처하는 외교안보 강국을 만들 겠습니다.

[5순위] 국민의 생명과 안전을 지키는 나라를 만들겠습니다.

[6순위] 세종 행정수도와 '5극3특' 추진으로 국토균형발전을 이루겠습니다.

[7순위] 노동이 존중받고 모든 사람의 권리가 보장되는 사회를 만들겠습니다.

[8순위] 생활 안정으로 아동·청년·어르신 등 모두가 잘사는 나라를 만들겠습니다.

[9순위] 저출생·고령화 위기를 극복하고 아이부터 어르신까지 함께 돌보는 국가를 만들겠습니다.

[10순위] 미래세대를 위해 기후위기에 적극 대응하겠습니다.

열 가지 공약 중에서 직접적으로 '경제' 분야라고 표시된 것은 다섯 가지이고, '산업'이나 '통상' 분야로 표시된 것까지 합하면 일곱 가지나 된다. 게다가 '복지', '사법', '의료' 등으로 표시된 분야까지 폭넓게 본다면 사실상 10대 정책 전체가 경제 관련 정책이라 할 수 있다. 전 정부 시절에 시장이 느낀 실망감을 만회하겠다는 적극적 의지가 보이는 대목이다.

그러나 정치인의 공약은 원래 듣기 좋은 말을 나열하는 것이다. 그래서 공약 자체는 의미가 없고 그 하위 항목에 어떤 내용이 들어 있는지가 더 중요하다. 그리고 더 중요한 것은 그 하위 항목들의 실현 가능성이 얼마나 되는지, 어떤 분야에 어떻게 영향을 미칠지를 생각해보는 것이다. 5차 파동이 어디서부터 시작될지, 지금부터 10대 공약을 통해 하나씩 살펴보자.

제1공약

모든 공약을 아우르는 핵심 '경제 구조'

이재명 정부의 제1공약은 "세계를 선도하는 경제 강국"이다. 구체적으로는 인공지능, 콘텐츠, 방위산업, 벤처, 스마트농업까지 아우르는 전략적 산업 파동을 설계하고 있다.

방법은 명확하다. AI산업, K컬처, 방위산업, 국가 첨단전략산업, 스마트농업 등의 영역에 정부 주도의 대규모 자금과 세제 혜택, 제도적 뒷받침을 투입한다는 것이다. 특히 이 분야들은 연결된 가치사슬이 많아서 시장 전체에 효과가 퍼지는 '산업 연쇄형 파동'의 가능성이 높다. 하나씩 살펴보자.

AI 대전환 : 인프라에서 설계, GPU, 인재, 소프트웨어까지

10대 공약을 구체적으로 발표하기 전부터 이재명 당시 대통령 후보는 'ABCDEF'라는 키워드로 주력 분야를 언급한 바 있다. 그중 가장 첫 번째로 나오는 A는 인공지능(AI)을 의미하는 것이었는데, 이후 발표된 10대 공약에서도 인공지능을 국가산업의 핵심축으로 삼겠다는 강한 의지가 드러난다.

특히 "AI 예산을 선진국 수준으로 확대하고 고성능 GPU 5만 개 확보", "국가 AI 데이터센터 구축", "AI 인재양성 교육", "AI 소프트웨어 융복합 산업 활성화"라는 네 가지 전략이 눈에 띈다. 이는 하드웨어-설계-소프트웨어-교육으로 연결되는 전방위 수혜 산업군이 만들어진다는 의미다. AI 분야는 이재명 대통령의 대표적 공약인 만큼 유세 과정에서 이미 많은 관련 종목들이 급등했다. 그중에서 특징적인 것을 꼽자면 다음과 같다.

SK하이닉스 | 이재명 대통령은 후보 시절 SK하이닉스 이천 공장을 방문했다. 핵심 공약인 GPU 확보에 결정적 역할을 하는 곳이기 때문이다. SK하이닉스는 엔비디아에 HBM을 공급하면서 AI 반도체 공급망의 핵심기업으로 자리잡았다. SK하이닉스에 HBM용 TC본더를 납품하는 곳은 한미반도체와 합하비전이다.

삼성에스디에스 | 정부가 실제로 GPU를 대량으로 구매하면 이를 운용할 주체가 필요하다. 정부는 확보한 예산으로 2025년 GPU 1만 장을 들여온다는 계획인데, 국가 AI 컴퓨팅센터는 2027년 가동 예정이다. 따라서 그 사이에는 운용을 민간기업에서 맡아야 하는데, 가장 유력한 참여 업체는 삼성에스디에스를 주축으로 하는 컨소시엄이다. 이 컨소시엄에는 네이버와 삼성전자도 참여하고 있다.

솔트룩스 | AI 소프트웨어에서 두각을 나타내고 있는 곳으로, 자체 개발한 LLM '루시아'의 성능향상에 주력하고 있다. 이재명 대통령이 후보 시절 위원장을 맡았던 'AI강국위원회'의 부위원장이 솔트룩스 이경일 대표이기도 하다.

K컬처 : 콘텐츠 플랫폼과 스토리 IP 확장의 쌍두마차

K컬처는 단순한 한류의 유행을 넘어서 이제 수출 전략이자 국가 브랜드 사업으로 자리잡고 있다. 10대 공약에는 "K컬쳐 글로벌 브랜드화를 통한 문화 수출 50조 원 달성"이라고 명시되어 있다. 이를 달성하려면 K팝을 선두로 드라마, 웹툰 등 다양한 K컬처 상품들의 고른 활약이 필요하다.

에스엠 등 엔터주 | K팝은 K컬처 수출의 핵심이다. 산업 규모로 봤을 때도 압도적일 뿐 아니라 오랜 기간 다져온 경험이 있고, 해외 팬덤이 안정적으로 기반을 형성하고 있다. 대표주자는 역시 에스엠, 하이브, YG엔터테인먼트, JYP엔터테인먼트 등이다.

와이랩 등 IP 관련주 | 이재명 대통령은 후보 시절 대구의 웹툰도서관을 방문할 정도로 K웹툰을 중시하는 행보를 보였다. 당시에도 와이랩, 미스터블루, 핑거스토리, 키다리스튜디오 등 웹툰을 제작하고 유통하는 기업들의 주가가 상승했다. 이들은 글로벌 웹툰 시장 확장 및 웹툰 기반 드라마화·게임화 등 2차 콘텐츠 활용이 늘면서 정부의 창작 전 과정 지원과 맞물려 전략적 수혜자가 될 전망이다.

방위산업 : 수출과 기술, 양날의 창을 들다

10대 공약 이전에 발표된 'ABCDEF'에서도 방위산업(Defense), 즉

K방산을 국가대표 수출산업으로 만들겠다는 의지가 명시되어 있다. 특히 민간기업들이 홀로 고군분투했던 방위산업 분야에 컨트롤타워 신설, 방위사업청 역량 강화, 국방 AI의 R&D 확대, 방산 기업에 대한 세제 지원 등이 예고되어 있다. 이는 K방산주의 황금기를 기대하게 만든다.

> 한화에어로스페이스 | K9 자주포와 천무 다연장로켓을 대표 상품으로 보유하고 있다. K9 자주포는 한국뿐만 아니라 세계 10여 개국에 수출한 베스트셀러다.
>
> LIG넥스원 | 천궁II 미사일이 주력상품이다. 정밀유도무기, 감시정찰, 무인기 기술 등을 갖춘 정통 기술방산 기업으로, 국방기술 고도화와 수출이 동시에 가능한 대표 수혜주다.
>
> 현대로템 | 대표 상품은 K2 전차이다. 폴란드에 대규모 수출을 했으며 향후 추가 수주가 기대된다.
>
> 한화오션 | 미국 해군의 MRO(유지·보수·정비) 사업을 수주하며 방산주로 급부상했다. 한화오션은 SK오션플랜트와 함께 미국 군함의 MRO 사업을 적극 수주할 빙침이다. 참고로, HD현대중공업도 미국의 방산 조선사인 헌팅턴잉걸스와 협약을 맺고 미국 함정 사업 진출을 준비하고 있다.

글로벌 4대 벤처강국 : 창투사의 시대가 열린다

10대 공약에는 "벤처투자시장 육성으로 글로벌 4대 벤처강국 실현"이라는 표현이 있다. 이는 정부의 모태펀드(펀드에 투자하는 펀드) 예산을 늘려서 창업투자회사(VC, 벤처캐피털)가 운용하는 펀드 자금을 늘리겠다는 것이다. 모태펀드 운용 경험이 많은 국내 창업투자회사는 다음과 같다.

> DSC인베스트먼트 | 초기 바이오·AI·모빌리티 스타트업에 집중 투자하는 국내 대표 창업투자회사로, 모태펀드의 공동운용 경험이 풍부하다. 주요 출자사는 한국모태펀드다.
>
> TS인베스트먼트 | 기술 기반 스타트업에 대한 장기투자에 특화되어 있으며, 정부 정책자금이 집행되는 주요 파트너 중 하나다.

스마트농업·푸드테크 : 농업이 기술이 되는 시대

마지막으로 주목해야 할 것은 농업의 변신이다. 공약집은 "스마트 데이터 농업 확산", "푸드테크·그린바이오 산업 육성", "K푸드 수출 확대"를 통해 농업을 전통이 아닌 첨단산업으로 재규정했다.

> 우듬지팜 | 수직형 스마트팜을 운영하는 기업으로 자동화·IoT·데이터 기반 생육 관리 기술을 보유하고 있다. 이는 정부가 추진하는 데이터 농업의 표준 모델과 거의 일치한다. 시설형 스마트팜 확대와 국가 R&D 매칭이 본격화되면 시장에서 농업주가 아닌 '테크+푸드' 주식으로 재평가받을 가능성이 높다.

이재명 대통령은 계엄령과 탄핵이라는 정치적 혼란 속에서 당선되었기 때문에 많은 사람들은 그가 최우선 공약으로 민주주의와 관련된 것을 제시할 거라 예상했다. 그러나 그의 1호 공약은 경제 분야였다. 경제 강국을 만들겠다는 구호 아래 여러 산업의 발전 지원을 의욕적으로 제시했다. 이는 이념보다 실리를 추구하는 그의 성향을 잘 드러낸다. 민주주의는 물론 중요하다. 그렇지만 지금 대한민국에서 가장 시급한 문제는 경제라고 본 것이다.

이것이 시장에 어떤 메시지를 전달할지는 쉽게 추측해 볼 수 있다. 다시 한 번 강조한다. 한국 경제의 가장 큰 특성이 정부주도형 구조라는 것을 잊지 말자.

제2공약

중장기 성과를 좌우할 프리미엄 '정치 안정화'

이재명 정부의 제2공약은 "민주주의 회복, 국민 통합, 공정한 권력 견제를 통한 건강한 정치 시스템의 재구축"이다. 다소 추상적으로 들릴 수 있지만, 투자의 관점에서 보면 이 공약은 '정치 불확실성 해소', '외국인 자금 유입 재개', '거버넌스 프리미엄 회복'이라는 거대한 신뢰 회복 장치로 해석될 수 있다. 그동안 한국 시장은 유독 정치 리스크에 민감하게 반응해 왔다. 그래서 제2공약은 다음 세 가지 방향에서 한국 주식 시장에 구조적인 의미를 준다.

코리아 디스카운트 완화

정치의 독립성과 통제 가능성은 외국인 투자자에게 절대적인 지표다. 실제로 외국인 투자자들은 법치, 인권, 언론의 자유, 기관의 독립성을 투자 판단의 중요한 조건으로 본다. 정치가 안정되지 않아서 언제든 기업이 흔들릴 수 있는 불안한 시장에는 절대로 진입하지 않는 것이다. 전 정권이 난데없이 계엄령을 선포했을 때 하룻밤 사이에 썰물처럼 빠져나간 외국자본을 떠올려보면 쉽다.

이재명 정부는 전 국민의 트라우마를 건드린 대통령의 계엄권을 통제하겠다고 밝혔다. 같은 일이 두 번 일어나지 않게 하겠다는 메시지와도 같다. 또한 감사원 독립성 확보, 국회의원 국민소환제 도입, 검찰 기소권 분리 등을 통해 권력의 과도한 집중을 제도적으로 분산시키고 법률의 예측 가능성을 높이겠다고 밝혔다.

이러한 방향성은 한국 시장을 법치 기반 시장으로 회복시킨다는 점에서 매우 중요하다. 글로벌 자본에 한국 시장이 '정치 권력으로부터 독립된 법치주의'라는 신호를 보낼 수 있다.

'사법 독립성'은 MSCI 선진국지수 편입의 기술적 요건에도 들어 있을 정도로 외국인 투자자에게 중요한 항목이다. 그래서 정부의 이러한 방향성 제시는 폭넓게 퍼져 있는 코리아 디스카운트를 줄이는 쪽으로 작용할 가능성이 크다.

사법개혁을 기업지배구조 개선과 연결하다

이재명 정부는 대법관 정원 확대, 온라인 재판 도입, 국민참여재판 확대 등을 통해 사법 절차의 신속성과 투명성을 강화하겠다고 밝했다. 단순하게 보면 일반 국민들의 사법 접근성을 높이고 투명한 사법 절차를 약속하겠다는 당연한 말처럼 들린다.

그러나 투자자 입장에서는 또 하나의 긍정적 신호다. 기업의 분쟁이 일어났을 때 그 결과를 예측하기 쉬워지기 때문이다. 특히 이재명 대통령의 또 다른 공약인 '상법상 주주충실의무 도입', '기업 지배구조 개선', '자본시장 내 사익편취 근절' 등과 결합될 가능성이 높다. 제대로만 기능한다면 사법 시스템이 자본시장의 보호벽으로 작동할 수 있는 것이다.

지금까지 이른바 '코리아 디스카운트'의 상당 부분은 "한국 기업은 오너의 일방적 행동 때문에 주주가치가 훼손된다"는 인식 때문에 생기는 경우가 많았다. 그런 상황에서 제도적 토대를 바꾸겠다는 선언은 매우 의미 있는 구조적 변화다.

이는 특히 ESG 경영(Environmental, Social, Governance) 관점에서 투자를 결정하는 기관투자자들이 한국 주식을 매수할 가능성을 높인다. 또한 경영권 분쟁 시에도 소액주주들의 신뢰를 회복하는 데에 도움을 주고, 장기적으로는 상장사의 자산가치 회복으로 이어진다.

언론·방송 독립성과 정보 신뢰도의 회복

정책의 신뢰도가 높다는 것은 곧 시장의 예측 가능성이 높아진다는 뜻이다. 그리고 그 신뢰도를 높이는 데에 중요한 역할을 하는 것이 언론이다.

이재명 정부는 공영방송의 정치적 독립성 확보, 방송·보도 편성의 자율성 보장, 방통심의위원회 정파성 개선 등을 공약했다. 단순하게 보면 한국 정부의 고질적 문제인 고압적 언론 정책을 개선하겠다는 것이지만, 이것이 제대로 작동한다면 정부의 정책 신호가 시장에 안정적으로 전달될 수 있다. 글로벌 자산운용사들이 한국에 대한 의사결정을 내릴 때는 무엇보다 정보의 신뢰도가 중요하다.

"이 정부가 말한 정책이 실제로 실행될 수 있는가?"

"제도 변경이 중간에 뒤집히지 않는가?"

이러한 문제에 대해 판단이 쉬워지면 한국 시장에는 자금이 장기적으로 유입될 기회가 많아진다. 참고로, 현재 공영방송 중 상장된 곳으로는 iMBC가 있다.

'정치 프리미엄'이라는 보이지 않는 펀더멘털

이재명 정부의 제2공약은 수치나 산업군을 자극하는 공약은 아니다. 그러나 1997년, 2003년, 2017년처럼 정치 리더십의 전환이 한국 증시의 결정적 기회로 작용했던 경험을 떠올려 보면, 이 공약은 오히려 모든 시장을 떠받치는 제도적 콘크리트라고 볼 수 있다. 과거 노무현 정부 초기에 삼성전자, SK텔레콤, LG화학 등 대형주들이 반등한 것도 정치 권력과 법치가 안정되면서 외국인이 복귀했기 때문이다. 따라서 이 공약은 외국인 투자자가 복귀할 수 있는 조건을 만드는 구조적 정책이다.

이는 증시 전반의 밸류에이션 회복, 특히 코리아 디스카운트 해소를 이끄는 근본 파동의 씨앗이 될 수 있다.

제3공약

자본시장의 바닥을 바꿀
'가계·소상공인 지원'

제3공약은 '민생 회복'이라는 말로 요약할 수 있다. 팬데믹, 금리 인상, 고물가의 삼중고를 겪으며 무너진 가계와 소상공인의 경제 기반을 다시 일으키겠다는 것이다.

핵심은 단기적인 생계지원이 아니라, 소비 여력을 회복시키고 경제 구조의 공정성을 복원하는 장기 전략이다. 다시 말해서 '주머니가 차야 돈을 쓴다'는 당연한 원리를 국가가 제도적으로 뒷받침하겠다는 것이다.

이 공약이 주식 시장에 주는 파급력은 다소 약해 보일 수 있다. 하지만 민간 소비가 회복되고 경제 하위계층이 소비를 늘리기 시작하면 전체적인 흐름이 살아난다. 그렇게 되면 물가가 자극되겠지만, 결과적으로 주식이 중요한 자산 피난처가 될 수 있는 구조적 흐름도 생긴다. 그래서 이 정책 안에는 장기적 파동을 만들 만한 충분한 힘이 들어있다.

지역화폐가 생태계를 바꾼다

성남시장 시절부터 지역화폐를 사랑했던 이재명 대통령은 이번에도 "지역사랑 상품권 확대"와 "지역상권 르네상스 2.0"을 언급하고 있다. 해당 지역 내에서만 사용할 수 있는 지역화폐를 확대함으로써 지방의 돈이 서울과 수도권의 본사로 빠져나가지 않고 지역 안에서 돌 수 있도록 하는 것이다.

지역화폐의 확대는 단순히 소상공인을 지원하는 것을 넘어 소비의 총량을 늘리는 결과를 만들 수 있다. '소비 회복 → 유동성 증가 → 물가 자극 → 자산시장으로의 자금 유입'이라는 연쇄 반응이 생겨나면 주식 시장에 대한 구조적 상승 압력으로 작용할 수 있다.

이 과정에서 특히 주목해야 할 것은 지역화폐 결제 시스템을 구축·운영하는 기술 기업들의 직접적인 수혜다. 지역화폐는 실물화폐가 아니므로, 필연적으로 모바일 플랫폼을 적극 활용할 수밖에 없기 때문이다.

게다가 디지털 지역화폐 플랫폼을 공급하는 기업들은 간접적인 수혜가 아니라, 예산이 투입되면 곧바로 수익이 발생하는 구조를 가졌다. 즉각적인 기업 성과로 연결된다는 뜻이다.

> 코나아이 | 전국 200여 개 지자체와 제휴를 맺고 지역사랑 상품권 플랫폼을 구축·운영하는 대표 기업으로, 예산 확대 시 수익 증가와 직결된다.

> 웹케시·쿠콘 | 기업 간 간편결제·정산·데이터 연동 솔루션을 제공하는 핀테크 인프라 기업으로, 지자체의 지역화폐 예산이 커질수록 이들의 API 서비스 수요도 늘어난다.

주식 시장의 체질 개선

제3공약의 말미에는 주식 시장에 직접적인 영향을 주는 강력한 개혁 메시지가 숨겨져 있다. 바로 "주식 시장 수급 여건 개선 및 유동성 확충"이라는 메시지다.

그중에서도 "상장기업 특성에 따른 주식 시장 재편"에 주목할 만하다. 해석해보면 이는 코스닥, 코넥스, 중소형 상장사에 대한 평가 체계를 현실화하라는 목소리를 반영하겠다는 말이다. 그리고 이는 밀언적으로 거래소의 구조적 개편을 의미한다.

또 "주주환원 강화"도 언급되었다. 이는 배당 확대, 자사주 매입, 스톡옵션 투명성 개선 등을 통해 기업의 이익이 주주에게 더 많이 돌아가도록 하겠다는 뜻이다. 주주환원이 강해지면 해당 시장에 오래 자금이 머물 수 있는 중장기적 투자 매력이 높아진다.

"외국인 투자자 유입 확대"와 "MSCI 선진국지수 편입 추진"도 언급되어 있다. 한마디로 외국인들에게 한국 시장이 안정적인 투자처임을 보여주겠다는 뜻이다. 한국을 빠져나갔던 글로벌 자금이 재진입할 수 있도록 구조적으로 조건을 마련하겠다는 공약이다.

공약에는 자본시장 질서 회복을 위한 구조개혁도 명확하게 언급된다. "상법 개정", "자본·손익거래 등을 악용한 지배주주 사익편취 근절", "먹튀·시세조종 근절"도 같은 맥락이다. 투자자 신뢰를 회복하게 만드는 핵심이다.

특히 상법 개정이 개정되면 무분별한 쪼개기 상장을 법으로 금지할 수 있다는 점에서 지주사의 수혜가 예상된다. 지금까지 중복 상장은 한국 증시의 고질병이었다. 모회사가 멀쩡하게 상장되어 있는데 알짜 자회사를 물적분할한 뒤 상장시켜 버리면, 모회사의 기존 주주들은 심각한 손실을 입게 된다. 상법 개정을 통해 이런 편법이 막히게 된다면 두산, 한화, HD현대, LS 등 지주사의 가치가 올라갈 것이다.

이것은 전체 지수에도 좋은 영향을 미치게 된다. 지수가 상승하게 되면 자연스럽게 'KODEX 레버리지'와 같은 지수 추종 ETF뿐만 아니라 증권주도 동반 상승하는 구조이다.

이러한 일련의 흐름은 단기적 테마성 파동이 아니라, 길고 크게 가는 장기적 파동을 만들 수 있다. 한국 자본시장의 체질을 바꾸고 시장 전반의 밸류에이션 하한선을 끌어올리는 큰 작업이다.

주식 시장 질서를 되찾는 것, 그것도 파동이다. 이재명 대통령의 제3공약은 단순히 소비를 자극하는 것이 아니다. 소비의 유입 경로를 디지털화하고, 주식 시장 내부의 질서를 바로잡아서 '시장'이라는 구조 자체를 다시 설계하는 작업이다.

  소비의 회복은 바닥에서부터 시작하는 파동이지만, 지배구조 개선은 위에서부터 내려오는 파동이다. 이 두 파동이 맞닿는 지점이 바로 '신뢰 회복'이다. 신뢰는 자본을 불러들이고, 그 자본은 다시 시장을 띄운다. 파동은 그렇게 눈에 보이지 않는 힘으로 시작된다.

제4공약

느리지만 가장 멀리 가는 파동
'외교·안보'

제4공약은 '외교·안보 강국 실현'이라는 이름으로 요약되지만, 실상은 한국 주식 시장을 흔드는 가장 크고 느리며 구조적인 파동을 의미한다.

한반도 지정학이 주가를 흔들 때, 파동은 외부에서 안으로 스며든다. 한반도의 지정학적 위치는 늘 외국인 자본의 유입과 이탈을 결정짓는 근원적 변수였다. 김대중·노무현·문재인 정부 시절 외국인 투자가 급증했던 이유는 단순히 실적이나 밸류에이션 때문만은 아니었다. 북한에 대한 유화정책을 통해 한반도의 긴장이 풀리고 한국이 안정적인 투자처로 보였을 때 외국인은 돌아왔다.

그래서 제4공약은 '평화 프리미엄'을 다시 복원하려는 정치적 구조조정이자, 증시의 저변에서 꿈틀거리는 '안보 파동'의 기폭제가 될 수 있다.

2025년, 경주에 시진핑이 온다면

이재명 정부는 외교 공약의 서두에서 "2025년 경주 APEC 정상회의의 성공적 개최를 통한 국제 위상 제고"를 명확히 천명했다. '경주 APEC'을 콕 찍어 언급한 것의 의미는 무엇일까. 이것이 단순한 외교 이벤트가 아니라는 뜻이다.

경주 APEC 회의가 특히 주목받는 이유는 중국의 시진핑 국가주석이 방한할 가능성 때문이다. 2016년 사드 사태 이후 계속되어 온 중국과의 냉랭한 관계가 바뀔 수 있다. 경주 APEC은 외교가 증시에 상징적 불꽃을 일으키는 장면이 될 수 있다. 파동은 언제나 실적보다 기대에서 먼저 시작된다.

중국과의 냉랭한 관계가 풀리면 가장 먼저 반응하는 것은 엔터주와 화장품주, 그리고 관광 관련 소비주다.

SM엔터·큐브엔터·디어유 | K팝 IP와 글로벌 팬 플랫폼을 보유한 회사들로, 한중 문화 교류가 재개되면 직접적인 수혜가 예상된다. 특히 팬미팅·콘서트·굿즈·앱 매출이 급증하며 실적 개선으로 이어질 가능성이 높다.

한국콜마·코스맥스·실리콘투 | 화장품 ODM·브랜드·유통 기업들로, 중국 소비자 수요 회복과 단체관광 재개 시 가장 먼저 반응하는 종목군이다. 과거 유커(중국 관광객) 급증 시 이 종목들은 모두 급등했다.

다시 꿈틀대는 대북주

공약집에는 "북한 핵 위협의 단계적 감축"과 "비핵화 프로세스", 그리고 "한반도의 군사적 긴장 완화와 남북 화해·협력의 전환"이 언급되어 있다. 대북관계 개선은 정치적 시그널이 시장의 투자심리를 자극할 수 있는 거의 유일한 국내 이슈다. 과거 증시에서 반복적으로 강력한 파동을 만들었던 역사적 구조를 기억할 필요가 있다.

남북관계 개선은 정치적 의제이지만, 시장에서는 한반도의 리스크를 기회로 전환시킬 수 있는 상징적 이벤트이기도 하다. 이재명 대통령의 공약을 통해 다시 꿈틀거릴 가능성이 높은 대북주들은 다음과 같다.

현대엘리베이터·아난티 | 금강산 관광사업을 이끌었던 현대그룹은 역사적으로 남북경제협력의 중심에 있었고, 현대엘리베이터는 현대그룹 유일의 상장사라는 이유로 남북경협주로 분류되었다. 아난티는 금강산에 골프장을 소유했다는 이유로 북한 관광 관련주가 되었는데 2022년 금강산 골프장 사업에서 철수했다.

신원·제이에스티나·재영솔루텍·인디에프·좋은사람들 | 이들은 과거 개성공단 입주 기업이다. 2016년 개성공단 가동 중단 이후에도 북한과의 관계 개선 뉴스가 나오면 개성공단 재개 기대감에 상승하곤 한다.

일신석재·모나용평 | 남북합작회사인 북한의 평화자동차에 투자했던 통일교가 지분을 보유한 기업이다. 이들은 미국 트럼프 대통령이 북한 김정은 위원장과 잘 지내고 있다는 발언에 민감하게 반응한다.

수출을 다변화하고, 전략물자 공급망을 확보한다

제4공약에는 통상과 직접적으로 관련된 내용도 들어있다. "신아시아 전략", "유럽과의 실질 협력 강화", "수출시장·품목 다변화" 등이 그것이다.

이러한 내용은 수출과 관련된 정치적 리스크를 최대한 분산시킬 수 있도록 시스템을 바꾸겠다는 뜻이다. 다시 말해서, 특정 국가에 물자를 의존함으로써 문제가 되었던 부분을 시스템적으로 해소하기 위한 것이다.

또한 "공급망 조기경보 시스템"이나 "전략물자 국적선박 확보" 등은 무역보복을 방어하는 전략이다. 이는 대형 수출주들의 실적 안정성과 신뢰도를 장기적으로 높이는 장치다. 이러한 공약이 제대로 실현된다면 국내 수출기업들의 실적의 질이 좋아지고, 예측 가능성이 높아지면서 외국인 자금은 자연스럽게 복귀한다.

안보는 느리게 움직이지만, 가장 멀리 간다

이재명 정부의 제4공약은 단기간에 증시를 흔들 만한 것은 아니다. 하지만 정말로 2025년 APEC이 열리고, 시진핑이 방문하고, 한한령이 해제되고, 북한과의 접경이 다시 열린다면 증시는 그동안 잊고 지냈던 파동을 다시 기억해내게 될 것이다.

'지정학적 리스크'가 '지정학적 프리미엄'으로 전환되는 순간 시장은 그것을 한꺼번에 반영한다. 그때가 오면 파동은 외부에서 안으로, 외교에서 주식으로, 정책에서 시세로 번져갈 것이다. 외교와 안보 이슈는 증시에 느리게 반영되지만, 한 번 반영되기 시작하면 가장 멀리 가는 파동임을 기억해야 한다.

제5공약

보이지 않는 시장의 기초체력
'국민안전'

제5공약은 "국민의 생명과 안전을 지키는 나라"이다. 너무나 당연한 감성적 문구처럼 보이지만, 이 공약은 사실 여러 산업 분야와 긴밀히 연결된 '복합 인프라 파동'의 밑그림이 될 수 있다.

무슨 뜻인지는 이 공약에 포함된 내용을 보면 알 수 있다. 전 정권의 집권 초반부를 가장 뜨겁게 달궜던 '의료산업구조개편'과 '디지털 헬스케어 제도화', 최근 산불 사태로 대두된 '사회적 재난 대응 인프라 확장'과 '기후위기 기반산업 육성' 등의 내용이 모두 여기에 들어있다. 국가가 보장하는 안전은 투자자에게 '자본이 안심할 수 있는 시장'을 만드는 가장 기본적인 인프라가 된다.

의료개혁은 '공백 복원'에서부터

윤석열 정부 시절 아무런 합의 없이 단행된 '의대 정원 2,000명

증원' 결정은 의료계의 강한 반발을 불러일으켰고, 환자-의사-정부 간 갈등을 폭발시켰다. 의료체계에 대한 신뢰는 완전히 무너졌다. 문제는 의료가 숫자가 아니라 '체계'라는 것이다.

이재명 대통령의 공약집에는 "공공의료사관학교 신설", "지역의사 제도", "국립대병원 거점화", "중증·응급 의료 24시간 대응 체계", "필수의료에 대한 충분한 보상체계" 등이 언급되어 있다. 구체적 숫자는 나와 있지 않지만, 시스템을 만듦으로써 의료 공백을 복원하겠다는 큰 방향성만큼은 제시했다.

이러한 정책은 일차적으로 보면 보건복지 분야가 개선된다는 뜻이지만, 투자자에게는 또 다른 의미를 지닌다. 필연적으로 의료 인프라 산업의 확장, 의료기기 및 시스템 기업의 안정적 수요 확보, 정부와 민간의 분업 구조 구축이라는 결과로 이어질 것이기 때문이다.

비대면 진료의 제도화

기술의 등장만으로는 파동이 만들어지지 않는다. 제도가 기술을 뒷받침할 때 파동이 생겨난다.

제5공약에서 또 하나 눈에 띄는 부분은 "비대면 진료 제도화"다. 팬데믹 이후 임시로 허용되었던 비대면 원격의료를 공식적인 시스템 안에 편입시키겠다고 선언한 것이다. 이는 민간의 기술이 정책

속으로 진입하는 길이 공식적으로 열렸다는 뜻이다.

아래의 기업들은 원격의료가 본격적으로 도입되면 바로 납품이 이어지는 실질적 수혜 구조를 가지고 있다. 흔히 헬스케어 종목으로 분류되지만, 이런 맥락에서 보면 '정책 수혜 종목'으로 분류되는 게 정확하다.

케어랩스 | 모바일 헬스케어 플랫폼 '굿닥'을 운영하고 있다. 내 주변 병원 찾기, 진료 예약, 접수, 진료 등의 비대면 진료 서비스를 제공하고 있다.

인성정보 | 의료정보 통합 플랫폼을 보유하며, 원격 진료 시 병원 간 진료정보를 연동하는 핵심 인프라 기업이다.

비트컴퓨터 | EMR(전자의무기록) 기반으로 병원-환자 간 진료데이터 전송, 예약·접수 자동화, 원격진료 보안 솔루션 등에서 확고한 기술력을 갖춘 기업이다.

재난 대응을 또 하나의 산업으로

공약집에는 의료개혁뿐만 아니라 사회적 재난에 통합적으로 대응할 수 있는 대응 체계 구축도 포함되어 있다. 팬데믹, 산불, 홍수, 땅꺼짐 등 점점 예측이 어려운 재난이 늘어나면서 그 위험을 산업과 제도, 기술로 통제하겠다는 선언이다.

이를 위한 세부조치로는 "재난현장 지휘권 강화", "사고조사위 즉시 설치", "부처별 협업 체계 구축", "재난 안전 산업 육성 및 소방·화재 장비 확충", "기후재난 예측·감시 시스템 도입", "생명안전기본법 제정 추진" 등이 담겨 있다. 요약하자면 여러 가지 재난의 대응을 정부가 통합해서 책임지는 체계를 만든다는 뜻이다.

그 과정에서 관련 시장이 크게 성장할 가능성이 있다. 자연재해 등의 재난은 슬프고 안타까운 일이지만, 한편으로는 새로운 인프라 산업의 발화점이 될 수도 있는 것이다. 수혜가 예상되는 산업군은 다음과 같다.

케이웨더 | 기후예측 인프라 관련 종목. 기상데이터 기반의 예보·경보·산업기상 특화기업으로, 정부 기후재난 예측 시스템 구축과 직접 연결된다.

자연과환경 | 산불 방지 관련 종목. 생태복원, 녹지방재, 도시숲 조성 등 산불 확산 저지와 조기 진압을 위한 녹지 인프라 기술력을 보유하고 있다.

뉴보텍 | 지반침하 관련 종목. 상하수도관·맨홀·지반 안정화와 관련하여 지하 안전 설비와 모니터링 제품을 생산하며, 땅 꺼짐 재난 대응 산업의 대표 수혜 기업이다.

투자의 관점에서 의료와 재난대응을 바라본다면

제5공약은 '국민의 안전'이라는 뻔한 말, 그 이상의 의미를 가진다. 투자자에게는 '국가가 위험을 제어할 수 있다'는 확신을 주는 작업이며 이 확신은 산업의 질서, 투자자의 신뢰, 시장의 예측 가능성으로 전환된다.

재난을 제어할 수 있다는 감각이 시장에 대한 신뢰를 만든다. 전 정부가 강행한 의료 정책이 시장에 혼란을 줬다면, 새로운 정부에서는 제도와 기술을 통합해 질서를 되돌리려는 시도가 일어날 것이다.

이러한 상황에서 의료는 복지이자 산업이며, 재난은 위험이자 기회다. 이 파동은 겉으로 드러나지 않지만 시장 밑바닥의 체력을 끌어올리는 힘이 될 것이다.

제6공약

파동의 새로운 진원지
'세종 행정수도'

제6공약은 "세종 행정수도와 '5극3특' 추진으로 국토균형발전"을 이야기한다. 수십 년간 말로만 무성했던 세종시 행정수도를 임기 내에 완성하고, 5대 초광역권(수도권·동남권·대경권·중부권·호남권)과 3대 특별자치도(제주·강원·전북)를 중심으로 지역 자체가 성장의 중심이 되는 구조를 만들겠다는 선언이다.

지역적으로 보면 그동안의 파동은 서울과 수도권에서 출발해서 나머지 지역으로 퍼지는 모양새였다. 그런데 이제는 지역에서부터 위로 끌어올리는 역방향 파동이 생겨날 가능성이 높아졌다.

세종 행정수도의 완성

이재명 대통령은 "국회 세종의사당과 대통령 세종집무실"을 임기 내 완공하겠다고 밝혔다. 그에 따라 부처 산하기관들이 함께 옮겨갈 것이고, 정책 입안 네트워크의 모양이 바뀔 것이다.

이는 단순히 건물을 옮기는 수준의 문제가 아니다. 정치·행정·인프라의 중심이 서울에서 세종으로 이동하는 것이고, 실질적인 정치 권력의 일부가 수도권에서 지방으로 이동하는 사건이다. 교통망, 정보, 자본의 흐름이 크게 바뀌고, 부동산과 입지의 가치도 구조적으로 재편된다. 왕조가 수도를 옮김으로써 국운이 크게 바뀌었던 역사들을 떠올려보면 이것이 얼마나 큰 사건인지 알 수 있다.

투자자 입장에서 보면, 세종시 행정수도 완성은 순자산비율(PBR)의 구조적 재평가를 유도할 수 있다. 다시 말해서 부동산 가치가 바뀌면서 기업들이 보유한 자산가치도 바뀌고, 나아가 주가 상승도 기대할 수 있는 것이다. 세종시에 토지, 공장, 물류창고, 사옥 등을 보유한 기업들의 직접적인 수혜가 기대된다.

유라테크 | 세종시에 대규모 부지와 생산공장을 보유한 자동차 부품업체로, 공장 부지가 자산재평가 대상이 된다.

계룡건설 | 세종시 내 공공·민간 주택 및 인프라 사업 참여 이력이 많고, 자체 보유 토지도 다수 존재한다.

프럼파스트 | 세종시에 공장과 사무시설을 보유한 자동화기기 제조업체로, 자산가치 재조정 가능성이 있다.

대주산업 | 세종시에 생산시설과 관련 부지를 보유하고 있으며, 실제로 행정수도 이슈 발생 시 자산주로 주목받아온 전력이 있다.

여러 파동이 동시에 가능한 '5극3특'

이재명 정부는 '수도권·동남권·대경권·중부권·호남권'의 초광역권(5극)과 '제주·강원·전북'의 특별자치도(3특)를 전략적으로 나누었다. 여기에 GTX나 광역철도와 같은 교통망 구축, 지방 재정 확충, 전략 산업 육성을 동시에 추진하겠다고 밝혔다.

단순히 지역을 나누는 것이 아니라 지역 단위의 '성장 거점'을 설정했다는 점에 주목해야 한다. 즉, 해당 권역별로 각각 작은 파동들이 동시에 일어날 수 있는 5중 파동 구조가 되는 것이다.

공약집에서 제시한 "지방교부세 확대, 자체 세원 발굴"은 지역 정부가 독립적으로 경제 정책을 설계할 수 있도록 제도적 기반을 만들겠다는 뜻이다. 또 "국가자치분권회 신설"이나 "지역 대표 전략산업 육성" 그리고 "행정체계 개편을 위한 통합 TF 구성 및 로드맵 마련"은 지역을 수도권의 하청으로 두지 않고 독립된 주체로 성장시키기 위한 구조 설계 작업이다.

여기에 "주거 여건 개선, 빈집 정비, 세컨드 하우스 확산 및 귀농·귀촌 지원 강화"는 지역 소멸 방지를 위해 지방의 인구구조 자체를 바꾸겠다는 뜻이다. 이러한 정책들은 수도권과 지방이 분리된 채로 진행되었던 경제 파동이 이제는 동시다발적으로 발생하는 '복수 파동' 구조로 나타날 수 있다는 뜻이다. 그만큼 투자의 기회가 많아질 수도, 혹은 변수가 늘어날 수도 있다.

지역사랑 상품권이라는 새로운 유동성

제6공약의 내용 중에는 주식 투자의 관점에서 매우 중요한 한 줄이 있다. 바로 "지역사랑 상품권 발행 의무화"다.

이재명 정부가 들어서면서 지역사랑 상품권은 단순한 복지 수단이 아니라, 국가가 주도하는 디지털 유동성 분배 시스템으로 기능할 가능성이 커졌다. 이는 '지역경제 활성화 → 소비 확대 → 물가 상승 → 자산 시장 유입 → 지방발(發) 주식 시장 순환'이라는 경로로 파동을 일으키며 확장될 수 있다.

특히 유통과 정산, 결제에 이르는 전 과정이 디지털화되며 이 시장에서 실제로 수익을 올리는 기업이 존재한다. 예를 들어 앞서 잠시 설명한 코나아이, 웹케시, 쿠콘 등의 기업은 지역화폐 발행·결제·데이터 연동 API 플랫폼을 공급하는 기업들로, 이 공약의 집행이 시작되면 바로 실적과 연결될 수 있는 구조다.

관광 산업과 농·산·어촌 활성화

이재명 정부가 공약집에서 보여준 '국가균형발전'은 기존 정부들이 말한 것과 성격이 약간 다르다. 인프라 구축에만 집중하는 게 아니라, 사람과 소비 수요가 지역으로 돌아오도록 돈이 흐르는 구조를 설계하려는 의도가 곳곳에서 보인다.

예를 들어 "국민휴가 3종 세트"라 이름 붙인 근로자 휴가지원제, 지역사랑 휴가지원제, 숏컷 여행 등은 사실 근로자를 위한 복지 제도라기보다는 지역 관광 활성화를 노리고 기획한 제도다. 또한 지자체와 기업이 연결되어 진행하는 "워케이션 관광 활성화" 및 "지역특화 관광자원 개발" 등도 비슷한 맥락이다. 관광산업을 통해 지역 안에서 내수 파동을 만들겠다는 전략이다.

관광뿐만 아니라 지역에 기반한 수요층 자체를 확대시키겠다는 포부도 보여준다. 농·산·어촌의 "주거 여건 개선"이나 "청년 농업·어업·임업 인재 육성", 지방의 국립대와 사립대를 묶어서 지원하는 "RISE 체계 구축" 등의 공약이 여기에 속한다. 이는 지방 소멸을 늦추는 정도가 아니라 아예 경제적 중심과 수요를 재배치하기 위한 작업이라 볼 수 있다.

또한 이 공약에는 "철도 지하화 대상 구간의 차질 없는 추진을 위한 종합계획 수립 및 단계적 추진"도 포함되어 있다. 철도 지하화 사업은 단순한 교통 인프라 개선을 넘어 도심 내 소음·진동 해소, 지상 공간의 도시 재생, 부동산 가치 재평가로 이어지는 구조적 공공사업이다. 이 공약이 제대로 진행된다면 부동산 시장은 물론 관련 산업의 엄청난 수혜가 예상된다.

제6공약은 행정수도 완성, 지역 성장 거점 형성, 디지털 지역화폐 시스템 확산, 철도 지하화 등을 통해 '도심 구조 재편'이라는 키워드로 요약될 수 있다. 이는 필연적으로 부동산을 비롯한 자산가치 재평가를 불러오게 되고, 이는 지역별로 여러 파동이 중첩되어 나타나는 장면을 연출할 수도 있다.

> **우원개발** | 철도 지하화와 도시 구조물 기초 공사에 특화된 토목 전문 기업으로, 서울시 및 수도권 지역에서 철도·지하철 관련 프로젝트 다수 수행 이력이 있다.
>
> **특수건설** | 도심 내 터널·차도·철도 지하화 분야에서 강점을 가진 기업으로, 대규모 구조물 시공 기술을 바탕으로 정부의 도시 재정비 사업에 직접 참여할 수 있는 구조를 갖추고 있다.

수도권 밖에서 밀려오는 복합적 파동

제6공약은 한국 경제 권력의 판을 다시 짜겠다는 선언이]만큼, 인프라 테마주의 단기 급등보다는 거시적 관점에서 접근해야 한다. 세종시 행정수도 완성, 5극3특, 지역화폐 시스템의 정책화, 관광과 농·산·어촌의 산업화…. 이 모든 것은 한국 경제를 한 군데에서만 만들지 않겠다는 '다핵 구조' 전략으로 볼 수 있다.

그리고 그 전략은 반드시 증시에 지각변동을 일으킬 것이다. 강남에서 시작된 돈이 서울을 거쳐 코스닥으로 흐르던 일방통행은 더 이상 나타나기 어려울지 모른다. 파동은 이제 지방에서, 농어촌에서, 관광지에서, 지역은행에서, 지방 거점대학에서, 그리고 세종시에서 복합적으로 올라올 수 있다.

제7공약

주4.5일제가 가져올 변화
'노동 존중'

제7공약은 "노동이 존중받고 모든 사람의 권리가 보장되는 사회"이다. 그러나 핵심은 단 하나, "주4.5일제 도입"이다.

이 한 줄의 공약은 단순히 근무시간 조정만을 의미하지 않는다. 경제 리듬의 재설계이자 내수소비의 새로운 파동 진원지이며 플랫폼 노동, 지역 경제, 재택근무, 가족 소비, 여가 산업까지 동시에 흔드는 사회 구조 개편의 출발점이다.

'주4.5일제'가 돈 쓸 시간을 늘린다

제7공약에서는 "2030년까지" 단계적으로 주4.5일제 실시를 위한 로드맵을 제시하겠다며 범정부 차원의 지원을 약속했다. 정부가 나서서 노동시간을 단축시키겠다는 것은 대한민국의 근무 구조를 바꿈과 동시에 산업의 리듬을 바꾸고, 가족 단위 생활 방식이나 소비

시간대를 모두 바꾸는 정책이다.

주말이 0.5일, 즉 반나절 늘어나면 사람들은 하루를 더 쉴까? 아니다. 하루를 더 소비한다. 우리나라에서는 오랜 기간 주6일제를 실시했다가 2002년 정부 부처의 시범적 실시를 시작으로 2004년부터 본격적인 주5일제가 실시되었다. 당시 일부 기업과 언론에서는 "나라가 망한다"는 우려가 있었지만 결과는 내수 소비 확대, 여행 증가, 외식·쇼핑·엔터 산업의 성장이었다.

주5일제가 다시 주4.5일제로 줄어들면 그때와 같은 흐름이 반복될 가능성이 높다. 주4.5일제는 곧 '주2.5일 소비 사회'의 탄생을 의미하기 때문이다.

재택근무가 많아질 수밖에 없는 이유

노동시간의 단축은 재택근무의 확대와 동시에 진행될 수밖에 없다. 실제로 업무집중도가 낮은 오후 시간대를 유연하게 활용하거나, 주중 일부 근무를 재택으로 전환하는 방식은 이미 전 세계적 흐름으로 자리잡아 가고 있다.

기업 입장에서는 직원들의 근무일을 줄여주자고 생산성까지 포기할 수는 없다. 그래서 집은 물론 어디에서든 공간 제약 없이 일을 할 수 있는 재택 및 분산형 근무 솔루션을 도입하게 될 것이다. 결국 근무시간의 개편은 '노동 공간의 해체 → 플랫폼 기술 수요 증가 → 관련 산업군의 재평가'로 연결된다. 이는 관련 기업의 실질적인 수요 증가로 이어질 수밖에 없다.

> **알서포트** | 원격회의, 원격제어, 원격지원 솔루션을 제공하는 국내 대표 재택근무 인프라 구축 기업이다.

소비를 살리는 건 소득이 아니라 시간

주4.5일제는 앞서 살펴본 또 다른 공약인 '워케이션, 국민휴가 지원제, 지역 관광 활성화' 등과 맞닿아 있다. 이들 공약은 지역에 기반한 소비를 유도하는 것인데, 주4.5일제가 시행되면 금요일 오후부터 전국이 소비의 공간으로 전환되기에 좋은 조건이라는 뜻이다.

이에 따라 2박3일짜리 짧은 여행, 주말 귀농·귀촌 체험, 가족 단위의 외식·숙박·체험 서비스 등이 활발해질 가능성이 높다. 그럴 경우 이 분야의 관련 산업은 내수 중심의 지역 경제를 떠받치는 핵심 동력이 될 수 있다.

시간은 자산이 된다. 그리고 그 자산은 전 국민적 소비라는 과정을 거쳐 지방의 소상공인, 지역 숙박업체, 농촌 체험단지, 관광지의 기념품점까지 내려갈 수 있다.

사람들이 돈을 쓰게 만드는 것은 소득의 많고 적은 정도가 아니라, 돈을 쓰도록 만드는 시간적 여유다. 지역 기반의 내수 파동은 그렇게 '시간'이라는 정책 자극을 받아서 퍼져 나갈 것이다.

제7공약은 결국 경제의 시간을 재설계하려는 시도다. 시간을 바꾸면 일하는 방식이 바뀌고, 소비의 흐름이 바뀌며, 관련 산업의 구조와 수익성이 바뀐다.

현대 사회에서 노동은 더 이상 단순한 개념이 아니다. 노동의 조건과 방식이 바뀔 때 시장의 파동도 다른 리듬을 타게 된다. 그래서 주4.5일제는 단순한 복지정책이 아니다. 새로운 생활 경제의 시계이자, 미래의 주가 리듬표다.

노동권 강화는 정말 시장에 안 좋을까

제7공약에는 주4.5일제를 중심으로 노동에 대한 다른 내용도 함께 정비하고 있다. "하청노동자의 교섭권 보장"을 위한 법 개정, "포괄임금제 금지"를 명문화하는 것, "동일노동 동일임금 기준지표 마련" 등 노동자들의 교섭권에 무게를 실어주는 모습이다.

또 "업무상 재해 위험이 높은 자영업자까지 산재보험 제도 도입", "경찰·소방·재난 담당 공무원 위험근무수당 인상", "원·하청 통합 안전보건관리체계 구축" 등 일하다가 죽거나 다치는 상황을 제도적으로 줄이겠다는 의지를 표명했다. 여기에 "고용평등 임금공시제", "장애인권리보장법 제정" 등 여성과 장애인의 노동권 강화를 위한 법제화도 명시했다.

이러한 정책들은 얼핏 고용주 입장에서는 불리해 보이는 것들이라 시장에서 환영받기 어려워 보이고, 직접적인 급등주를 만들지도 않는다. 그러나 중장기적으로 보면 국민들의 소득분포 하단을 복원하고, 소비 여력의 바닥을 다시 채우는 작업이다.

소비를 극적으로 늘리는 것은 고소득층이 아니다. 이미 쓸 돈에 여유가 충분한 고소득층은 소득이 늘어나도 소비가 그만큼 늘어나지 않지만, 먹고사는 데 쓸 돈조차 항상 쪼들리는 저소득층은 다르다. 소득이 늘어나면 그중 대부분을 곧장 필수재 구입으로 다시 소비한다. 그래서 저소득층의 소득이 안정되면 소비도 크게 늘어나고, 예측 가능한 일상에서의 경기가 살아나는 것이다.

제8공약

시장 전체의 소비력을 높이는 '생활 안정'

제8공약은 "생활 안정으로 아동·청년·어르신 등 모두가 잘사는 나라"를 만든다는 것이다. 여기서 말하는 생활 안정이란 단순히 복지 지표가 상승하는 것이 아니다. 취약계층의 돈이 새지 않는 경제, 쓸 수 있는 돈이 남는 가계, 지금 쓰고도 미래를 준비할 수 있는 사회를 말한다.

이것은 일상에서의 소비를 유도하고, 그 소비가 다시 시장을 일으킨다. 소비의 기반이 살아나야 파동이 커진다. 그래서 제8공약은 시장 밑바닥의 체력을 다시 채우는 작업이다.

시장에 직접 수요를 뿌리는 아동수당·보육비 정책

공약집은 "아동수당 지급 대상을 18세까지 점진적 상향"하고, "보육비 지원"을 확대하며, 지역을 기반으로 한 "온동네 초등돌봄 체계"를 구축하겠다고 명시했다. 다시 말해서, 가정이 아동을 키우는 데 쓰는 비용을 국가가 대신 부담함으로써 다른 데에 사용할 수 있는 가처분소득이 늘어나는 효과를 노린 정책이다.

가정 내의 실질적인 소비력이 늘어나면 이는 곧바로 특정 기업의 수익으로 연결된다. 이로 인해 가장 먼저 반응할 수 있는 영역이 바로 유아용품 시장이다. 그래서 이 공약은 복지정책이면서 동시에 명백한 산업정책이다.

에르코스 | 유아 화장품, 유기농 스킨케어 제품 등을 제조하는 기업으로 보육비가 확대되면 기초위생·생활소비품 구매 수요 증가가 기대된다.

꿈비 | 프리미엄 유아 가구와 놀이매트를 제작하는 기업으로, 가정 내 안전 인테리어 및 육아 환경 개선 소비 확대의 수혜주로 평가받는다.

아가방컴퍼니 | 유아의류, 신생아용품, 장난감, 유아생활용품 등 종합 유아 브랜드 기업으로, 아동수당 확대 시 가장 직접적으로 매출 증가가 예상된다.

지출을 줄여주면 소비력이 살아난다

공약집에는 "월세 세액공제 대상자 확대", "통신비 세액공제", "간병비 부담 완화", "지역사회 통합 돌봄체계 구축" 등이 언급되어 있다. 이는 지출액이 큰 고비용 생계비 항목을 구조적으로 낮춰주겠다는 뜻이다.

지출이 줄어들면 남는 돈은 다시 소비되거나 투자로 이동한다. 실제로 2010년대 중반 이후 정부의 통신비·주거비 정책이 시행될 때 중산층 이하 가계의 신용카드 지출은 동반 증가했다. 소득을 늘려주는 것보다 고정지출을 줄여주는 편이 소비를 더 빠르게 진작시키는 효과가 있는 것이다.

비슷한 전략을 청년 정책에도 도입하고 있다. 소비 시장에서 가장 넓은 층을 차지하는 청년층의 추가 소비를 자극하는 정책들이다. 예를 들어 "청년·국민·어르신 패스 3종"은 교통비를 절감해주는 정책이다. 또한 "대학생 등록금 부담 완화", 1인가구·청년을 위한 "주거 복합 플랫폼 주택 조성"과 "청년 맞춤형 공공분양", "공교육으로 사교육비 부담 경감", "청년·근로자 천원의 아침밥" 등은 청년층의 생계비 부담을 실질적으로 줄여줄 수 있다.

교통비 지원은 출퇴근 시간의 여유를, 사교육비 절감은 가계의 장기 불안을, 문화 소비 지원은 심리적 여유를, 주거 플랫폼은 생활 기반을, 천원의 아침밥은 생활의 존엄성을 회복시킨다. 이러한 정책이 단기 테마주를 만들지는 않겠지만 취약계층의 생활 흐름 자체를 조정할 수는 있다. 그 흐름에서 다시 소비가 나온다.

반려동물 양육비 부담을 줄여주겠다는 정책도 주목할 만하다. 아이를 키우는 가구는 줄어든 반면 반려동물을 키우는 가구는 늘어난

만큼, 반려동물 양육비를 줄여주는 것은 출산지원금만큼이나 효과적인 정책이 될 것이다.

> **오에스피** | 유기농 펫푸드 전문제조회사이다. 한국 프리미엄 사료 ODM 1위 업체로 반려동물 양육비 부담 완화 정책의 최대 수혜주이다.

농어촌 소득 안정과 식량 문제

또 하나의 취약계층이 되어 버린 농어촌을 위한 정책도 있다. 농가소득 보장을 위해 "공익직불금 확대", "농업인 퇴직연금제", "은퇴직불금·공공비축 농지 확대", " 양곡관리법 개정" 등을 약속했다. 또 어촌 소멸을 막기 위한 정책으로 "수산식품기업 바우처"와 "소득기반 강화" 정책도 힘께 제시했나.

시장 전체의 관점에서 보면, 농어촌에 대한 지원은 도시 소비자에게 안정된 가격으로 신뢰할 수 있는 식량을 제공하기 위한 인프라 구축 사업이다. 특히 식량과 수산물의 공급 불안이 세계적으로 고착화된 요즘에는 농어촌의 생산 기반을 지키는 일이 곧 국가 단위의 물가안정 장치가 된다.

소비는 정책이 만들고, 구조가 유지시킨다

제8공약 역시 단기간에 시장을 흔드는 뉴스는 아니다. 하지만 소비의 기반을 복원하고, 사회의 하단을 조정하며, 가계의 지출 구조를 다시 짜는 작업이라는 점에서 의미가 있다.

특히 청년의 미래에 여유를 심는다는 점에 주목해야 한다. 이것은 지출 프리미엄이 아니라 '심리 프리미엄'이다.

증시 상승은 기대감에서 오지만, 그 지속성은 구조에서 온다. 그래서 당장 주가를 끌어올릴 만한 공약이 아니라도 소비의 구조를 다시 만들 만한 것이라면 기억해두는 것이 좋다. 소비가 살아나면 파동은 커진다. 이재명 정부의 설계가 그 구조를 만들 수 있을지 지켜봐야 할 이유다.

제9공약

돌봄을 산업으로 전환하는
'저출생·고령화'

제9공약은 한국이라는 시장의 지속가능성을 묻는 정책을 담고 있다. 바로 "저출생·고령화 위기를 극복"하기 위한 정책이다.

합계출산율이 0.7명 아래로 떨어지고, 고령인구가 전체의 20%를 넘는 구조적 변화 앞에서 시장은 더 이상 출산율 저하를 개인적 문제로 보지 않는다. 세계적으로 유례 없이 떨어진 출산율이 이제는 내수시장의 규모, 노동력 공급, 소비 트렌드 변화는 물론 기업가치에까지 영향을 주는 변수가 되었다.

세금 공제가 소비를 직접 자극한다

공약집에는 자녀 양육을 지원하기 위한 현실적 내용이 많이 담겨 있다. "자녀 수에 비례한 신용카드 소득공제율·공제한도 상향"이나 "초등학생 예체능학원·체육시설 이용료를 교육비 세액공제 대상에 추가"한다는 내용 등이다.

이러한 혜택은 일종의 소비 유도 장치다. 신용카드 공제는 아동용품 소비에 직접적인 가격할인을 해주는 것이나 마찬가지이고, 예체능·체육 학원비 세액공제는 아동용 악기나 관련 물품에 대한 수요를 유도할 것이다. 앞서 언급했던 에르코스, 꿈비, 아가방컴퍼니 같은 유아용품 제조 기업들이나 국내 유일의 대형 피아노 기업인 삼익악기 같은 종목이 반응할 가능성이 높다.

"난임부부 치료 지원 강화"와 같은 출산율 회복을 위한 제도는 출산 전후 과정에 관여하는 다양한 민간산업에 구조적 소비 기회를 던져주는 정책이기도 하다. 의료기기 전문 기업인 비스토스의 경우 체외수정 및 배아 보관 기술, 여성생식 의료 기술을 갖추고 있어 정책과 연계되면 매출이 확장될 가능성이 높다.

돌봄을 위한 수고가 산업으로 전환될 때

공약집에서는 가정이 부담하던 돌봄 부담을 국가와 민간산업이 나눌 수 있는 시스템을 제시한다. "공공 아이 돌봄 서비스 지원", "간병비 건강보험 적용", "초등학교 방과후학교 수업료 지원 확대", "요양 간병 통합병동 확대" 등이 그것이다.

이와 함께 고령자 친화적 정책도 많이 들어있다. 어르신 주거 문제 해결을 위한 "고령자 친화 주택", 치매나 장애 노인을 위한 "공공 신탁제도", 노인들이 집에서 받을 수 있는 "지역사회 통합 돌봄 체계" 등이다. 이는 비대면 진료, 원격 모니터링, 병원 간 협진 시스템, 모바일 처방·약 배송 등 '디지털 헬스 인프라'와 밀접한 관련이 있는 분야다.

공약집에는 없지만, 이재명 대통령은 후보 시절 "임플란트 건강보험 확대"를 공약한 바 있다. 과거 2022년 대선에 후보로 나섰을 때도 같은 공약을 내걸었다는 걸 고려하면 충분히 주목할 만하다. 참고로 임플란트를 제작하는 상장사로는 덴티스, 덴티움, 디오 등이 있다.

이러한 구조 전환은 사회서비스 시장이 성장하는 바탕이 되고, 정부와 민간 협약이 많아질 것임을 예측하게 한다. 나아가 지역 단위 복지기반 확충이라는 산업적 파급력을 낳는다. 고령사회 관련 공약은 단순한 의료복지가 아니라, 지역을 기반으로 한 디지털 헬스케어 산업의 새로운 진입을 가능케 하는 구조적 계기가 될 수 있다.

인구는 줄지만, 산업은 늘어난다

제9공약은 인구 위기를 산업의 기회로 전환하려는 의도가 담긴 장기 전략이다. 인구는 줄지만, 그 안에 들어있는 '수요'와 불안을

관리하는 '산업'은 늘어날 것이다. 저출산 문제와 관련된 대응은 유아용품·문화소비·가족지출로 이어질 것이고, 고령사회 문제와 관련된 대응은 간병·주거·원격의료·자산관리 산업으로 연결될 것이다. 돌봄과 생애주기 시스템이라는 프레임이 어떤 파동으로 이어질지 꾸준히 살펴봐야 할 이유다.

제10공약

어쨌든 해야만 하는 분야
'기후위기 대응'

제10공약은 "미래세대를 위해 기후위기에 적극 대응"한다는 것이다. 탄소중립이라는 말은 이제 익숙하지만, 공약집에는 이를 구체적으로 추진하기 위한 정책이 제시되어 있다. 문제는 이것이 에너지, 운송, 건축, 농업, 제조업, 자본시장 등 넓은 분야에 걸쳐 있어 대한민국 산업구조 전반이 바뀔 수밖에 없다는 것이다.

탄소중립은 이제 단순한 환경보호 문제를 넘어섰다. 점점 탈(脫)탄소화를 강조하는 글로벌 무역질서에 맞춰 한국 산업을 생존시키기 위한 산업 전략이다. 동시에 지금 시점에서 증시에 기대감과 정책 신호를 먼저 심어주는 파동이기도 하다.

'산업의 동맥' 에너지 흐름이 바뀐다

공약집에는 2040년까지 "석탄화력발전 폐쇄", "서해안·한반도 에너지고속도로 건설", "지능형 전력망(스마트그리드) 구축"이 약속되어 있다. 이는 곧 발전에서 유통에 이르는 에너지 체계 자체를 전환하겠다는 뜻이다. 그리고 목표로 박아놓은 2040년은 생각보다 멀지 않다.

지능형 전력망 구축은 ESS(에너지저장장치), AMI(지능형검침인프라), 전력 반도체, 송배전 자동화 솔루션 등을 아우른다. 또한 전력 계통 관련 산업군의 수요가 전반적으로 증가할 수밖에 없다는 점도 예고한다.

HD현대일렉트릭·LS일렉트릭·효성중공업 | 변압기, 차단기, 배전반, 인버터 등 전력장비를 생산하는 기업들이다. 에너지 고속도로 사업으로 인해 각종 전력기기의 수요가 늘게 되면 수혜를 입게 될 대표적인 종목으로, AI로 인해 전력 수요가 늘게 되면 역시 수혜가 예상된다.

세명전기 | 호남 지역에서 생산한 전기를 수도권으로 보내는 데 필요한 게 바로 에너지 고속도로이다. 에너지 고속도로에는 HVDC(초고압 직류송전 시스템) 송전망이 깔릴 예정인데, 세명전기는 HVDC 송전선로용 금구류를 개발하고 상용화했다.

'태양광·풍력' 위에 '전기차·배터리'가 올라서다

공약집은 "태양광·풍력·전기차·배터리·수전해·히트펌프 등 탄소중립 산업의 국산화"를 명시하고 있다. 6대 탈탄소 산업을 구체적으로 못 박은 것이다.

이 중에서도 가장 기본은 에너지원을 만드는 태양광과 풍력 발전이다. 이 분야가 우선 배치되어야 그 위에 전기차와 수소경제의 수요가 올라설 수 있다. 자세히 보면 여기에 언급된 6대 산업들은 '신재생에너지 발전 → 전력망 안정화 → EV 충전 인프라 → 전기차·배터리' 수요로 이어지는 구조임을 알 수 있다. 정책에 기반해서 산업들이 수직계열화되면서 또 하나의 파동 구조를 이루는 것이다.

HD현대에너지솔루션·한화솔루션 | 태양광 모듈 판매기업으로 미국 공화당이 중국 태양광 업체들의 보조금 수령을 제한하는 법안을 발의하며 주가가 오르기도 했다. 이들은 이재명 대통령의 햇빛연금 공약의 대표적인 수혜주로 꼽힌다.

SK오션플랜트 | 해상풍력 대표주로 국내 최대 규모의 해양플랜트 제작기지를 확보하고 있다. 최근에는 한화오션과 함께 미국 군함 MRO 사업에 진출을 시도하고 있다.

씨에스윈드·씨에스베어링 | 씨에스윈드는 세계 1위 풍력발전기타워 제조업체이며, 자회사인 씨에스베어링은 풍력발전기용 베어링을 만드는 부품사다. 씨에스윈드는 글로벌 1위 풍력 업체 베리타스와 꾸준한 협력관계를 이어오고 있다.

탈플라스틱과 신소재로의 '정의로운 전환'

제10공약에서는 "탈플라스틱 국가 로드맵 수립 및 바이오플라스틱 산업 육성", "기후테크 R&D 예산 확대", "정의로운 전환 특구 지정"

등을 천명하고 있다.

'정의로운 전환'이란 환경 문제 때문에 일자리를 잃는 노동자들을 위한 재교육·산업 전환 지원금을 의미한다. 환경을 우선시함으로써 경제적 피해를 입는 사람이 생기지 않도록 제도화하겠다는 뜻이다. 이는 녹색산업이 사회에 거부감 없이 수용될 수 있도록 제도적 기반을 만들 수 있는 정책이다.

이러한 정책은 탄소 저감형 소재 산업과 ESG 기반 산업의 생태계를 정책적으로 설계하겠다는 뜻을 보여준다. 관련 산업의 성장이 기대되는 이유다.

> **삼룡물산** | 포장재 전문 생산업체로 우유 포장 용기, 종이 쇼핑백 등을 만든다. 탈플라스틱을 하면 종이 포장재가 많이 쓰일 수 있다는 분석 때문에 3,000원이던 주가는 단숨에 1만3,000원으로 급등했다. '한국팩키지'도 같은 상승 재료를 가지고 있다.

친환경은 대세일 수밖에 없다

열 가지의 공약 중에서 기후위기 문제는 어쩌면 가장 긴 파동을 가지고 있을지 모른다. 당장의 실적을 보장하는 것도 아니다. 그러나 인류의 생존이 걸린 문제이기 때문에 그 어떤 공약보다도 뚜렷한 방향성을 보장한다. 정부가 예산을 투입하고, 산업구조를 개편하며, 글로벌 탄소 규제에 대응하고자 할 때 시장은 먼저 반응하는 섹터에 보상을 줄 것이다.

기후위기는 미래를 앞당겨서 현재에 제도화하는 유일한 정책 영역이다. 그래서 제10공약은 미래 산업의 씨앗을 하나씩 뿌려두는 작업이기도 하다. 어쩌면 가장 긴 파동의 프롤로그일지도 모른다. 어쨌든 파동은 이미 시작됐다. 아직 숫자로 보이지 않을 뿐이다.

또 한 번의 파동이 기대되는
4가지 이유

증시는 항상 먼저 움직인다. 그러나 방향 없이 오르지는 않는다. 기대가 있고, 방향이 있고, 구조가 있을 때 파동은 만들어진다.

이 조건을 갖췄던 김대중·노무현·이명박·문재인 정부는 파동을 만들어냈고, 갖추지 못했던 박근혜·윤석열 정부는 파동을 만들지 못한 채 처참히 무너져 내렸다. 그렇다면 이재명 정부는 과연 파동을 만들어낼까? 충분히 가능성이 있다. 그 근거는 다음과 같다.

정치 프리미엄

첫째, 정치 리스크가 정치 프리미엄으로 전환되었다. 윤석열 정권 말기에 시장은 방향을 잃었다. 계엄령 공포, 정치 불안, 리더십 부재. 정치는 리스크였고 그 리스크는 외국인의 이탈로 이어졌다. 그런데 이재명 대통령이 등장하면서, 정치는 리스크가 아닌 프리미엄이 되었다. 이재명 정부는 윤석열 정부에 비해 정책의 일관성, 경제에 대한 이해, 시장과의 대화 능력이 앞섰다. 정치가 드디어 방향을 말하기 시작했고, 시장은 그것을 따라 움직이기 시작했다.

구조적 흐름

둘째, 정책이 단기 테마가 아닌 구조적 흐름을 갖추었다. 이재명 대통령은 '지역화폐'라는 작은 카드로 실물경제와 통화 흐름을 바꾸려는 시도를 진행 중이다. 이건 단순한 복지정책이 아니라 한국 자본주의를 다시 디자인하는 일이다. 그 위에 쌓인 열 개의 공약 역시 단순 테마가 아니다. 대한민국 산업의 10년을 결정지을 지형도가 될 수 있다.

시장 종목 재편

셋째, 한국의 산업 역시 낡은 질서를 넘어 새로운 주도주를 맞이할 준비가 되어 있다. 삼성전자와 현대차로 대표되던 기존 대형주 중심의 시장은 이제 재편되고 있다. 기술 기반 스타트업과 중소형주의 전성기, 단일종목이 아니라 섹터가 이끄는 다핵시장. 이재명 정부는 이런 산업의 전환을 의도적으로 촉진하는 정권이다. 그리고 그 흐름은 파동의 확산 구조를 만든다.

심리 변화

넷째, 심리의 변화다. 사람들은 다시 '기다릴 이유'를 갖게 되었다. 결국 파동이란 숫자의 싸움이 아니라 심리의 전환이다. 사람들은 이제 "새 대통령이 무언가를 해낼 것"이라는 기대와 기시감을 갖고 있다.

이처럼 이재명 정부가 다음 파동을 만들 거라는 근거는 여러 곳에서 발견된다. 김대중 정부가 닷컴 대박을 터뜨렸듯, 노무현 정부가 코스피 2,000이라는 벽을 넘었듯, 이명박 정부가 금융위기를 반전시켰듯, 문재인 정부가 코스피 3,000이라는 기록을 만들었듯, 이재명 정부는 그 흐름의 다음에 위치한다.

5차 파동을 준비하며

- 정치 리스크는 시장에서 실제로 어떻게 작용하는가?
  윤석열 정부가 시장에서 신뢰를 잃은 결정적 장면은 무엇이었을까?
  이재명 정부의 등장이 왜 시장에 '프리미엄'으로 작용했는가?

- 지역화폐가 단순한 복지정책이 아니라는 말에 동의하는가?
  지역화폐로 인해 유통 구조가 바뀔 수 있다는 논리를 어떻게 생각하는가?
  유동성 확대는 항상 시장에 긍정적인 효과를 줄까?

- 이재명 정부의 10대 공약 중 가장 설득력 있게 느껴지는 분야는 무엇인가?
  이 프레임이 '정권 테마주'를 넘어 '구조적 성장'으로 이어질 수 있다고 보는가?
  현재 한국 증시에서 이 열 개 분야의 흐름을 감지할 수 있는가?

- '정치·정책·산업·자본·심리'가 모일 때 파동이 발생한다는 주장에 동의하는가?

- 이전 정부들과 비교했을 때, 이재명 정부는 진짜 '다섯 번째 파동'을 만들 준비가 되어 있다고 보는가?

- 개인투자자로서 당신은 이 파동에 어떻게 올라탈 것인가?

맺음말

진보냐 보수냐가 아니라
정책과 리더십을 보라

 2024년, 한국 증시가 글로벌 증시와 반대 방향으로 홀로 하락하자 수많은 사람들이 한국 증시를 떠났다. 그들은 미국 주식 시장이나 코인 시장으로 옮겨갔고 그곳에서 만족할 만한 수익을 얻었다. 그들은 생각했다. "아, 진작에 미국 주식이나 코인을 했어야 하는데, 내가 괜히 한국 주식에 물려서 시간을 낭비했구나!" 그리고 그들은 '국장 탈출은 지능순'이라는 프레임을 만들어서 한국 주식에 투자하는 사람들을 조롱하고 비난했다.

 역사를 돌이켜보면 이런 식으로 시장을 떠나는 사람이 많아질수록 파동의 조건은 갖춰진다. 1차 파동인 닷컴버블 직전, IMF 사태로 인해 주식 시장이 폭락하자 사람들은 시장을 떠났다. 그 자리에는 외국인 투자자들이 들어왔다. 원-달러 환율이 2,000원을 넘나들던 그때 한국 시장에 진입한 외국인들은 결국 어마어마한 환차익과 시세차익을 거두고 떠났다.

 2차 파동 직전의 시장은 노무현 대통령에 대한 불신과 불안이 가득 차 있었고 '반미주의자'에 '종북' 프레임까지 씌워졌다. 사람들이 과감한 투자를 꺼리는 동안 이번에도 열매를 따 먹은 것은 외국인 투자자였다. 그들은 노무현 대통령의 이라크 파병, 한미 FTA, 남북 정상회담 등의 정책 추진에 긍정적 평가를 내렸다. 그의 임기 내내 코스피는 상승곡선을 그렸고 급기야 2,000을 넘기도 했다.

3차 파동 직전은 어땠는가? 리먼브라더스 파산에 이은 서브프라임 모기지 사태로 인해 전 세계 금융시장이 뒤흔들렸다. 한국의 주식 시장은 구조적으로 별다른 영향을 받을 이유가 없었지만 많은 사람이 지레 겁을 먹고 떠났다. 이번에도 외국인 투자자들이 그 빈자리를 채웠다. 원-달러 환율 1,500원 언저리에서 들어온 그들은 이번에도 짧은 기간 동안 엄청난 환차익과 시세차익을 거두고 나갔다.

4차 파동을 떠올려보자. 코로나19 팬데믹 공포로 전 세계가 움츠러들었고, 많은 투자자들이 주식을 팔아치우며 지수는 폭락했다. 각국 정부는 무너지는 경기를 부양하기 위해 엄청난 지원금을 살포하며 '유동성의 바다'를 만들었다. 그래도 이번엔 조금 달랐다. 앞서 세 번의 파동에서 보고 배운 바가 있었는지, 이번에는 두려움을 느끼고 도망친 외국인 투자자들 대신 개인투자자들이 수익 행렬에 동참했다. '동학개미'라 불리는 이들은 용감하게 위기에 뛰어들었고 코스피는 3,300을 넘으며 화답했다.

그리고 2024년, 수많은 개인투자자들이 미국 주식이나 코인으로 빠져나가고, 난데없는 계엄령으로 인해 원-달러 환율이 1,500원 근처까지 치솟았다. 이제는 알 만하다. 이러한 일련의 사태가 새로운 파동의 전야제 성격이 짙다는 것을 말이다.

게다가 이재명 대통령은 이전 정부와는 확연히 다른 시장친화적 공약을 적극 추진하고 있다. 집권 전부터 "상법 개정에 의한 코스피 5,000 달성"을 공약으로 내걸었고, 주식 시장 활성화를 통해서 돈이 흘러가게 하면 부동산 열기도 자연스럽게 사그라들 것이라는 논리를 펼치기도 했다. 세금으로 때려잡을 게 아니라는 뜻이다. 게다가 경기가 나쁘면 재정지출을 과감히 늘려야 한다는 생각을 피력해왔다는 점에서도 파동의 조건을 고루 갖추고 있다.

분명한 사실은, 진정한 투자자라면 정치적 성향은 별로 중요하지 않다는 것이다. 정치는 분명히 한국 증시에 영향을 준다. 하지만 진보라서 혹은 보수라서 반드시 좋다거나 나쁘다는 뜻은 아니다. 어떤 정책을 통해 어떤 리더십을 보여주느냐가 중요하다. 검은 고양이든 흰 고양이든 쥐만 잘 잡으면 된다(黑猫白猫论)던 덩샤오핑의 사상이 오늘날의 중국을 만들었다는 것을 기억할 필요가 있다.

이 글을 마무리하는 지금, 이재명 대통령의 '당선 확실' 소식이 뉴스 속보로 전해지고 있다. 다섯 번째 파동이 시작되는 소리다. 이 책을 읽은 당신! 부디 이번 파동에서 흔들리지 않고 방향을 잡아 나가기를 바란다.